지구를
구하는
정치책

지구를 구하는 정치 책

초판 1쇄 발행 2016년 4월 1일
2판 3쇄 발행 2021년 4월 25일

글 이지문 조홍섭 홍세화 고은광순 조효제
편집 디자인 박대성
종이 신승지류유통(주)
인쇄 제본 상지사 P&B
펴낸곳 도서출판 나무야
펴낸이 송주호
등록 제307-2012-29호(2012년 3월 21일)
주소 (03424) 서울시 은평구 서오릉로27길3, 4층
전화 02-2038-0021
팩스 02-6969-5425
전자우편 namuyaa_sjh@naver.com

ISBN 979-11-88717-06-4 43330

민주주의와 자본주의, 전쟁과 평화,
기후변화와 인권 문제로 보는 정치의 역할과 의미

지구를 구하는 정치책

이지문 · 조홍섭 · 홍세화 · 고은광순 · 조효제

나무야
Namuyaa Publisher

우리에게 정치란 어떤 것일까?

권력과 돈에 대한 욕망이 아니라
사회적 약자의 삶을 보듬고 배려하면서
모두가 바라는 정의로운 사회를 만들어 가는 것이
정치의 책임이자 의무라면

부자는 더 큰 부자가 되고 가난한 사람은 더 가난해지고,
소수의 소득이 몇 배로 불어날 때
그만큼 피폐해지는 나머지의 삶을 그대로 방치하는 것이 아니라
고르게 잘 살 수 있도록 하는 것이 정치의 일이라면,
사회적 갈등을 조정하고 풀어내는 것이 정치의 기능이라면

그렇다면 정치란 고귀한 것입니다.
보이지 않는 사회적 연대의 실현이 정치의 기본 소명이라면,
가난한 국민이 겪는 고통과 불행을 덜어주는 것이
무엇보다 중요하고 올바른 정치의 모습이라면

누군가 비를 맞고 있을 때
자신은 비를 맞을지언정 그 누군가의 우산이 되어 주는,
그런 것이 정치라면

그렇다면 정치란 정말 고귀한 것이고
지금 우리 앞에 놓인 모든 문제는, 결국 정치의 문제입니다.
민주주의도, 자본주의도, 전쟁도, 평화도, 발등에 불처럼 떨어진
기후변화 문제와 세계를 떠도는 난민들의 눈물에 이르기까지
누군가 해야 할 정치의 문제입니다.

그 누군가의 좋은 정치가
행복한 사회, 행복한 나라를 만들어 갈 것입니다.

시민의 힘과 연대의 가치를 믿는 그 높은 차원의 정치가
행복한 세상, 행복한 지구를 만들어 갈 것입니다.

이렇듯 정치는
우리의 삶과 떼려야 뗄 수 없는 관계에 있습니다.
고로 우리가 정치를 외면해선 안 되고 그럴 수도 없는 까닭은,
우리의 살림살이와 미래의 희망에 이르기까지 모든 것이 다
거기에서 비롯되기 때문입니다.

01

제비뽑기와 진짜 민주주의

민주주의는 똑똑한 몇 사람이 아니라
평범한 사람들이 다 함께 만들어가는 것

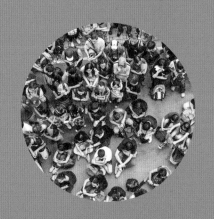

이지문

현재 연세대학교 연구교수로 재직하면서 추첨에 기반을 둔 시민참여제도 연구에 매진하고 있습니다. 1992년 제14대 국회의원 선거 당시 군부재자투표 부정을 알리는 양심선언으로 법이 개정되는 데 큰 역할을 했고, 그 뒤 20여 년 동안 우리 사회에서의 부정과 비리를 고발하고 바로잡으려는 사람들을 돕는 시민운동가로 일해 왔습니다. 그러는 과정에서 우리나라에서 처음으로 제비뽑기 민주주의 연구를 본격적으로 시작했고, 「한국 민주주의의 질적 고양을 위한 추첨제 도입 방안 연구」라는 논문으로 정치학 박사학위를 받았습니다. 주요 저서로 『추첨민주주의 강의』 『추첨민주주의 이론과 실제』 등이 있습니다.

'제비뽑기와 진짜 민주주의'라는 제목을 보면서 처음 든 생각이 뭔지 궁금합니다. 제비뽑기, 한자로는 추첨(抽籤)인데요. '첨'이 제비, '추'가 뽑기라는 뜻이에요. 그런데 민주주의하고 제비뽑기가 무슨 관련이 있는지, 민주주의도 진짜 가짜가 있는지, 혹시 그런 생각이 들지는 않았나요? 민주주의 하면 딱 떠오르는 것이 뭔가요? 저는 중앙선거관리위원회 홈페이지에서 본 '민주주의의 꽃은 선거입니다.'가 가장 먼저 떠올라요. 저뿐만이 아니라 실제로 많은 사람들이 선거로 대통령이나 국회의원을 뽑는 것부터 떠올리곤 하죠. 그런데 선거라는 단 한 가지 수단을 통해 대표자를 뽑는 것이 민주주의의 전부인 것처럼 된 것은 기나긴 인류 역사에서 200년이 조금 넘었을 뿐이에요. 정작 민주주의가 시작된 고대 아테네에서는 선거가 아니라 제비뽑기를 통해 대표를 선출하는 것에서부터 진짜 민주주의를 찾았거든요.

　우리는 지금 민주주의 국가에서 살고 있어요. 자유롭게 투표해서 대통령이나 국회의원도 뽑고 있고, 표현의 자유나 직업 선택의 자유 같은 것들도 다 헌법에 보장되어 있죠. 그런데 새삼스럽게 무슨 진짜 민주주의니, 제비뽑기니 그런 말을 하는지 의아한 마음이 들 수도 있어요. 지금으로부터 약 250여 년 전, 누군가 이런 말을 했어요.

"영국 국민은 자신들이 자유롭다고 생각하지만, 그건 잘못 생각해도 한참 잘못 생각하는 것이다. 영국 국민이 자유로울 수 있는 것은 단지 의원들을 뽑는 선거 기간뿐이다. 일단 의원들이 선출되는 즉시 영국 국민은 다시 노예가 되어 버린다. 아무것도 아닌 존재가 된다는 말이다."

그는 영국의 철학자였던 장자크 루소(Jean-Jacques Rousseau, 1712~1778)였어요. 그런데요, 그때 루소가 했던 이 말이 오늘날의 대한민국하고는 전혀 상관없다고 할 수 있을까요? 과연 대한민국의 정치는, 민주주의는 제대로 작동하고 있나요? 그렇지 않다고 벌써 많은 사람들이 한목소리로 말하고 있어요. 선거 때가 되면 한 표가 아쉬워 절절매던 사람들이 막상 당선되면 뽑아 준 국민이 아니라 자기 자신이나 자신이 속한 정당, 혹은 후원금을 내는 단체나 기업의 이익을 먼저 챙기는 것이 선거로 선출된 정치인들의 흔한 모습이에요. 국민이 주인이 아니라 국민을 위해 일하라고 뽑아 준 몇몇 사람들이 오히려 주인 행세를 하는 셈이죠. 주인 행세를 하더라도 진짜 주인을 위해 일하면 다행이지만

지구를 구하는 정치 책

그렇지도 않아요. 그러니 투표해 봤자 아무 소용없다는 사람이 점점 늘어날 수밖에 없었죠. 전 세계적으로도 투표율이 떨어지고 있긴 하지만, 특히 우리나라는 국회의원 선거에서 절반 가까운 유권자가 투표권을 포기하기도 했어요. 그렇다고 정치에 관심을 안 가질 수도 없어요. 우리가 살아가는 데 너무나 큰 영향을 주기 때문에 관심을 가지지 않을수록 진짜 민주주의는커녕 반쪽짜리에도 못 미치는 더 나쁜 민주주의가 될 수도 있어요. 민주주의가 진짜든, 가짜든, 반쪽짜리든 그게 무슨 대수냐고 할 사람도 있을 거예요. 하지만 민주주의가 진짜에서 멀어지면 멀어질수록 세월호 참사와 같은 비극은 언제든 다시 되풀이되고 말아요. 내가 아무리 열심히 노력해도 돈 많은 부모를 둔 아이들과 경쟁해서 이길 수 없는 것이 당연한 것처럼 되어 버려요. 그래서 잘사는 사람만 더 잘살게 되고 그렇지 못한 사람은 끝내 더 못살게 되고 말아요.

　그럼 어떻게 하면 진짜 민주주의를 실현할 수 있을까요? 지금처럼 몇 년마다 돌아오는 선거 때 투표하러 가는 것만으로는, 그리고 선거를 통해 몇몇 사람들만이 주인 행세를 하는 것만으로는 절대 가능하지 않을 것 같은데요. 제가 이제부터 제비뽑기 민주주의에 대해 새롭게 이야기하고자 하는 까닭도 바로 그거예요. 고대 아테네에서 했던 것처럼 제비뽑기를 통해 누구든지 대표자가 될 수 있을 때, 그래서 중요한 결정에도 직접 참여할 수 있을 때, 그리고 그 결정을 위해 자유롭게 의견을 나눌 수 있을 때 가능하다고 생각하기 때문이에요. 바로 그런 점에서 우리는 민주주의의 원점, 즉 고대 아테네 사람들에게 돌아가 배울 필요가 있어요.

모두가 주인이 되는 나라

민주주의가 뭘까요? 민주주의란 바로 이런 거라고 한 마디로 말하기는 쉽지 않아요. 하지만 저는 권력을 가진 몇몇 소수만이 아니라 바로 여러분, 여러분의 가족 구성원들, 그리고 길거리에서 청소하는 분, 버스 운전하는 분, 이렇게 주위에서 쉽게 만날 수 있는 사람 모두가 나라의 주인이라는 의미라고 생각해요. 민주주의가 영어로 '데모크라시(democracy)'예요. 국민을 뜻하는 '데모스(demos)'와 힘(지배)을 의미하는 '크라티아(kratia)'를 합친 고대 그리스 말, '데모크라티아(demokratia)'에서 나온 거예요. 그러니 민주주의란 국민에게 힘(권력)이 있다는 뜻인 거예요. 민주주의 자체가 고대 그리스에서 시작된 것이죠.

지금은 그리스가 하나의 나라이지만, 고대에는 그리스 안에도 여러 도시국가가 있었어요. 특히 아테네는 민주주의가 가장 번성했죠. 하지만 아테네의 민주주의는 결코 하루 아침에 이루어진 것이 아니었어요. 가난한 사람들과 부유한 사람들 사이의 피비린내 나는 전쟁도 있었고, 법을 어기고 왕이 된 독재자가 나타나기도 했으며, 귀족들과 새로 부자가 된 사람들 사이의 갈등도 겪으면서 점차 민주주의가 발전했어요. 그 옛날, 아테네의 민주주의가 어떤 모습이었는지 한번 보도록 하죠.

아테네 민주주의 하면 가장 먼저 떠오르는 것이 '민회'가 아닐까 싶어요. 시민들이 민회에 모여서 어떤 나라와 전쟁을 할 것인지, 무역은 누구와 언제 어떻게 시작할 것인지, 이런 중요한 나랏일들을 결정했거든요. 그때는 시민이 약 3만 명 정도였는데 미성년자나 여성, 노예, 외국인이 아닌 20세 이상의 남성만 시민이었어요. 게다가 아테네에는 500인 평의회와 시민법원, 행정직이라는 핵심 기관도 있었어요. 지금으로 치면 입법, 사법, 행정에 해당하는 국가 기관이 이미 존재했고 그곳에서도 시민의 대표자들이 일했다는 뜻이죠. 여기서 정말 놀라운 것은 민회에서 선출하는 일부 행정직을 제외하고는 모두 제비뽑기를 통해 일할 사람을 뽑았다는 사실이었어요.

500인 평의회를 둔 까닭은, 그 많은 일들 가운데 민회에서 무엇을 결정해야 할지 미리 정하기 위해서였어요. 민회에는 최대

제비뽑기와 진짜 민주주의

6,000명이 참석하기 때문에 무엇을 어떻게 하기로 결정은 할 수 있지만, 그 내용까지 다 논하기에는 사람이 너무 많았기 때문이죠. 평의회는 30세가 넘은 시민 중에서 뽑았는데, 참여하고 싶다고 나선 사람들을 대상으로 10개 부족에서 각각 50명씩, 모두 500명을 1년마다 제비뽑기했어요. 보다 효율적으로 운영하기 위해 부족을 기초 단위로 10개 위원회를 나누어 각 위원회가 1년 임기의 10분의 1씩 맡기로 했죠. 그 순서 역시 제비뽑기로 정했고, 위원회에 속한 한 구성원이 매일 제비뽑기로 선출되어 하루 동안 나라의 최고 책임자 역할을 맡았어요.

시민법원은 민회가 내린 결정이 맞는지 그른지를 판단하거나 죄를 저지른 사람에 대해 판결하는 곳이었어요. 매년 한 해가 시작될 무렵, 30세가 넘은 시민 중 참여하겠다고 나선 사람을 대상으로 10개 부족에서 600명씩, 6,000명을 제비뽑기로 선출했어요. 그리고 이렇게 뽑힌 6,000명 가운데 매일 아침 법정에 나온 사람을 대상으로 또 제비뽑기해서 판결을 담당하는 배심원으로 일하게 했어요. 행정직은 민회에서 결정한 내용을 실제로 적용하고 집행하는 사람들이었어요. 약 700명 정도였는데, 지금으로 치면 공무원인 셈이죠. 이들 가운데 군사와 재정을 담당하는 약 100명 정도만 민회에서 선거로 선출했고, 나머지는 평의회나 시민법원과 마찬가지로 30세 이상의 시민 중에서 하겠다고

정말 놀라운 것은 민회에서 선출하는
일부 행정직을 제외하고는 모두 제비뽑기를 통해
일할 사람을 뽑았다는 사실이었어요.

아테네 시민은 청동으로 만든 신분카드를 가지고 있었는데, 배심원으로 선정되기 위한 첫 절차는 이 카드를 제비뽑기 장치인 '클레로테리온(kleroterion)'의 석판 홈에 꽂는 것이다. 석판 옆에 긴 깔때기 모양의 홈통이 있고, 그 꼭대기에서 무작위로 섞은 흰 공과 검은 공을 내려 보낸다. 첫 번째 공이 흰 공이면 첫 번째 가로줄에 꽂힌 카드 주인이 그날의 배심원으로 결정된다. 만약 검은 공이라면 그 줄에 꽂힌 카드의 주인은 모두 탈락한다. 이런 방식으로 그날 필요한 배심원 수가 순서대로 채워질 때까지 공을 내려 보낸다.(출처 : The Political potential of sortition by Oliver Dowlen)

나선 사람을 대상으로 제비뽑기를 했어요.

　이렇게 아테네에서는 수천 명의 시민이 1년에 40회 이상 개최되었던 민회에 참석하여 직접 나랏일을 결정했고, 원하면 제비뽑기를 통해 나라의 중요한 일들을 스스로 맡아 할 수도 있었어요. 바로 그런 점에서 아테네의 시민들은 '우리의 통치 체제는 다른 이웃 나라들에게 모델이 될 만하며, 권력이 몇 사람의 손에 있는 것이 아니라 전체 국민에게 있는 민주주의'라고 하며 자신들이 애써 만든 제도를 자랑할 수 있었던 것이죠. 말로만 국민이 나라의 주인이라고 하는 것이 아니라, 주인으로서 직접 정치에 참여할 수 있도록 기회를 주는 것이야말로 진짜 민주주의라고 그들은 믿었던 거예요.

왜 제비뽑기를 했을까?

　그렇다면, 왜 아테네에서는 제비뽑기를 했을까요? 일부 행정직을 민회에서 선거로 선출한 것을 보면 분명 아테네에도 선거 제도가 있었고, 그렇다면 다른 자리도 다 선거로 뽑을 수 있었을 텐데 말이죠.

　제비뽑기는 아테네 사람들이 인간이라는 존재에 대한 철학적인 통찰을 통해 찾아낸 결과물 가운데 하나였어요. 아테네인들은 인간이란 어떤 존재이며 어떤 사회가 바람직한지, 그런 사회를 어떻게 유지할 수 있는지에 대해 수백 년에 걸쳐서 답을 찾고자 노력했어요. 그러한 과정을 통해 도시국가는 왕이나 몇몇 귀족이 아니라 시민들이 스스로 만들어 가야 한다는 것, 그리고 법과 정의는 신에 의해 부여되는 것이 아니라 통치의 주인인 시민들끼리의 자유롭고 활발한 토론을 통해 만들어진다는 답을 찾게 되었어요. 아테네인들은 이렇게 만들어낸 민주주의가 어떻게 하면 더 잘 유지되고 발전할 수 있을지 그 다음 질문에 대한 답을 또 찾기 시작했어요. 그 답이 바로 공직자를 제비뽑기로 선출한다는 아이디어였죠.

인간이라는 존재는 권력의 유혹에 끝까지 저항하기 힘들고, 권력을 잡게 되면 부패하기 마련이며, 한 번 다른 사람 위에 군림하게 되면 계속 그 자리에 있고자 하는 욕심에서 벗어나기 어렵다는 사실을 아테네인들은 냉철하게 받아들였어요. 그래서 시민한 명 한 명을 상대로 도덕성을 강조해 봤자 권력 앞에서는 아무런 의미가 없다고 보기에 이르렀어요. 그러나 다른 한편으로는, 인간이란 누구나 국가의 중대사를 감당할 능력이 있고 또한 그래야만 자유로운 인간으로 살 수 있다는 믿음 또한 갖고 있었어요. 권력 앞에는 한없이 허약하지만 통치의 능력을 갖추고 있는,

'페리클레스의 추모 연설'(폰 폴츠, 1853) : 페리클레스(Pericles, BC 495경~BC 429)는 아테네의 정치가
이자 군인이었다. 명문가 출신이었으나 귀족파가 아닌 민주파의 지도자가 되어 500인 평의회, 시민법원,
민회가 실질적 권한을 가지도록 하는 법안을 제출했으며, 제비뽑기로 공직자를 선출하는 등 민주 정치의
기초를 마련했다. "우리의 정치 체제는 민주주의라고 불립니다. 왜냐하면 권력이 소수의 손에 있는 것이
아니라 전체 국민의 손에 있기 때문입니다."라는 연설로 유명하다.

이런 양면성을 가진 인간이 민주주의를 운영하고 유지하기 위해서는 선거가 아닌 제비뽑기가 가장 최선이라는 결론에 도달한 것이죠.

아테네 사람들이 선거 대신 제비뽑기를 선택한 또 하나의 이유를 알기 위해서는 그때 아테네 사람들이 민주주의의 핵심 가치인 자유와 평등에 대해 어떻게 생각하고 받아들였는지 먼저 이해해야 해요. 당시 최고의 철학자였던 아리스토텔레스 (Aristoteles, BC 384~BC 322)는 이렇게 말했어요.

"민주주의 체제의 기본 원칙은 자유다. 자유에는 두 가지 형태가 있으며, 그중 하나는 자기가 원하는 바대로 사는 개인의 자유이고, 다른 하나는 다스리고 또 다스림을 받는 것을 번갈아 하는 것이다. 사람은 누구에게도 다스림을 받지 않아야 하지만, 이것이 불가능하다면 다스리는 동시에 다스림을 받아야 한다. 이것은 평등에 기초를 둔 자유에 이바지한다."

이러한 철학을 바탕으로 아테네에서는 제비뽑기에 의한 대표자 선출 방식이 민주정치의 핵심으로 자리 잡게 되었어요. 당연히 제비뽑기로 선발한 대부분의 공직자와 선거로 뽑은 일부 행정직은 선출 방식과 함께 또 다른 중요한 차이를 갖게 되었죠. 선거로 선출되는 행정직의 경우는 당선만 된다면 몇 번이고 계속할 수 있지만, 제비뽑기의 경우에는 연이어서 할 수 없도록 곧바로 교체했다는 점이었어요. 이를테면 500인 평의회는 1년 임기로 두 번 이상 할 수 없었어요. 그래서 30세 이상의 시민이라면 두 명 가운데 한 명은 평생 적어도 한 번은 평의회의 구성원이 될 수 있었어요. 제비뽑기로 선발하는 행정직의 경우도 마찬가지였어요. 임기 1년을 마치더라도 원한다면 다른 행정직을 맡을 수 있지만, 같은 직책을 또 한 번 가질 수는 없도록 했어요. 이렇게 임기를 마치면 바로 교체가 되니까 30세 이상 시민이라면 적어도 한 번 이상은 공직을 맡을 수 있었어요. 아리스토텔레스가 말했던 다스리고 다스림을 받는 자유가 아테네 시민들에게 보장된 것이죠.

아리스토텔레스는 "좋은 시민의 탁월함은 잘 다스리고 잘 복종함으로써 나타난다."라고 말하기도 했어요. 결국, 자유가 좋은 시민을 만들어낸다는 거죠. 뿐만 아니라 아테네인들은 권력을 가진 사람들에게 통치를 받는 사람들의 처지를 상상해 보라고 호소하는 것만으로는 정의가 실현될 수 없다는 것도 잘 알고 있었어요. 한번 생각해 보세요. 어떤 곳을 다스리는 사람이 얼마 전만 해도 그곳에서 다스림을 받던 사람이라면 어떨까요? 아무래도 어떤 결정을 내릴 때 그 결정에 따라 영향을 받게 될 사람의 입장과 처지를 어느 정도 고려하게 되지 않을까요? 이렇듯 아테네인들은 교체를 통해 공직을 계속해서 맡지 못하게 함으로

지구를 구하는 정치 책

써 통치자가 통치를 받는 사람의 관점을 가질 수 있어야 한다고 생각했어요. 다스리고 다스림을 받는 것을 번갈아 하는 것이야 말로 좋은 정부를 얻기 위한 수단이라는 믿음이 있었기에 가능한 일이었죠. 그렇다면 이런 질문도 가능하지 않을까요? 선거로 대표자를 뽑더라도 두 번 이상 하지 못하도록 교체하면 되지 않을까, 하고 말이죠. 그런데 선거는 제비뽑기와 달리 교체와 결합하기가 쉽지 않아요. 왜냐하면 선거는 내 의지로 내가 뽑고 싶은 사람을 선출하는 행위잖아요. 내가 보기에 정직하고 일도 잘하는 사람이 있으면 다음번에도, 그 다음 선거에서도 뽑을 수 있고 말이죠. 하지만 그런 사람이 엄연히 있는데도 강제로 바꾸도록 하면 어떻게 될까요? 아무래도 투표라는 것 자체를 하고 싶지 않게 되지 않을까요?

이렇듯 아테네에서 제비뽑기를 했던 두 번째 이유는 평등을 보장할 수 있기 때문이었어요. 제비뽑기를 하면 가장 좋은 점이 무엇일까요? 바로 누구든지 될 수 있다는 점이죠. 당시 아테네에서의 정의의 의미는 '공직을 포함하여 사회적으로 가치 있는 것은 모든 시민에게 동등하게 나누어져야 한다.'는 것이었어요. 그럼 어떻게 하면 동등하게 나눌 수 있을까요? 모두가 같은 출발선을 가지되 마지막 몫은 오로지 개인의 재능과 노력에 따라 결정되는 기회의 평등일까요? 아니면 모든 사람이 모든 것에 대해 같

제비뽑기와 진짜 민주주의

은 몫을 가지는 결과의 평등일까요? 아테네에서의 평등은 기회의 평등도 결과의 평등도 아닌, 공직을 가질 수 있는 수학적 확률에서의 평등이었어요. 그런데 선거는 기회의 평등은 줄 수 있지만 제비뽑기와 같은 평등은 보장할 수 없다는 사실을 아테네인들은 잘 알고 있었어요. 사실, 선거로 뽑는 일부 행정직의 경우는 주로 귀족이나 부유층 가문 사람들에게 돌아가곤 했어요. 그럼에도 불구하고 그 자리를 선거로 충원했던 것은 평화보다 전쟁을 하던 시기가 대부분이었던 당시 아테네에서 전쟁 수행과 재정 관리에서만큼은 전문가의 기술과 경험이 필요하다는 것을 인정한 결과라고 봐야 해요. 그리고 평민들의 정치 참여 요구가 계속되는 상황에서 '정치 지도자'로 행세할 수 있는 자리만큼은 양보할 수 없었던 귀족들의 입장도 이유라면 이유였어요. 그러나 선거로 선출되었든 추첨을 통해 뽑혔든 행정직은 관리자이며 집행자일 뿐이었기 때문에 주요한 정치권력을 행사하지는 못했어요. 실제로 중요한 정치적 선택을 내리는 권한은 민회와 시민법원에 있었죠.

"선거는 귀족적이지만 추첨은 민주적이다."

그래서 아리스토텔레스는 이렇게 말하기도 했어요. 선거를 하면 어떤 공직이든 귀족 집안사람들이 선출될 수밖에 없지만, 제비뽑기를 하면 모든 시민이 같은 수학적 확률로 뽑힐 수 있기 때

아리스토텔레스는 "좋은 시민의 탁월함은 잘 다스리고
잘 복종함으로써 나타난다."라고 말하기도 했어요.
결국, 자유가 좋은 시민을 만들어낸다는 거죠.

문에 민주적이라는 뜻이었죠. 이처럼 아테네인들은 같은 확률로 선출될 수 있는 제비뽑기와 번갈아 가면서 통치할 수 있는 교대를 결합함으로써 계속해서 권력을 갖고 군림하고자 하는, 권력 앞에 허약한 인간의 욕망을 억제하면서도 누구든지 대표가 될 기회를 주고자 했어요.

반쪽짜리 민주주의

18세기 후반 시민혁명을 거치면서 프랑스, 영국, 미국에서 근대민주주의가 시작되었어요. 그런데 근대민주주의와 함께 선거가 대표자를 뽑는 유일한 방식이 되고부터 제비뽑기는 민주주의 역사에서 거의 사라지게 되었어요. 그리고 그때부터 선거가 민주주의의 전부인 양 되어 버렸죠.

그럼 왜 제비뽑기는 사라지고 선거만으로 대표를 정하게 되었을까요? 가장 본질적인 이유는, 시민혁명으로 성장한 하위계층이 권력을 잡는 것을 두려워한 소수 상위계층 엘리트들이 자신들의 자리를 지키기 위해 선거를 선택했기 때문이었어요. 제비뽑기를 하면 수가 훨씬 많은 하위계층 사람이 선출될 확률이 높아지니까 자신들이 정치를 지배할 수 없게 된다고 판단한 것이죠.

그뿐만이 아니었어요. 그들은 재산이 있어야만 선거에 출마할 수 있도록 하거나 세금을 낼만큼 돈이 있는 사람들에게만 투표권을 주기도 했어요. 결국, 아주 적은 수의 돈 많은 상위계층 엘리트들만이 대표자로 선출되어 권력을 손에 쥘 수 있게 된 것이죠.

물론 오늘날에 이르러서는 사정이 달라졌어요. 일정한 나이만 되면 누구든 선거에 출마할 수 있고 투표도 할 수 있게 되었죠. 선거에서도 내가 뽑고 싶은 사람에게 자유롭게 투표할 수 있으니 투표의 자유도 누리고 있어요. 특별한 문제가 없으면 선거에 출마할 기회도 누구에게든 똑같이 주어지니까 기회의 평등 역시 갖고 있다고 할 수 있죠. 그렇다면 말이죠, 이것만으로 누구나 바라는 민주주의가 되고 있는 것일까요?

우리나라에서는 만 25세 이상이 되면 국회의원이나 지방의원이 되기 위한 선거에 나갈 수 있어요. 이렇게 일정한 나이만 되면 누구든지 선거에 나갈 수 있으니까 평등하다고 할 수 있죠. 만약 대학교를 나오지 않았다고 해서, 돈이 많지 않다고 해서, 여자라고 해서, 장애가 있다고 해서 이런저런 이유로 선거에 못 나가게 한다면 평등한 것이 아니잖아요. 그런데 문제는, 선거에 나가려면 아주 많은 돈이 필요하다는 사실이에요. 나를 도와 선거 운동을 해 줄 사람도 있어야 하고, 더 많은 사람들에게 내가 내놓

18세기 후반 시민혁명을 거치면서 시작된
근대민주주의와 함께 선거가 대표자를 뽑는
유일한 방식이 되고부터 제비뽑기는
민주주의 역사에서 거의 사라지게 되었어요.

민중을 이끄는 자유의 여신은 외젠 들라크루아가 7월 혁명을 기념하기 위해 1830년에 그린 그림이다.
그림 가운데 여성은 자유를 상징하며, 한손에는 프랑스 국기를 다른 손에는 총검을 휘두르고 있다.

은 공약이 알려질 수 있도록 트럭에다 커다란 화면을 달고 부지런히 다니면서 연설도 해야 하고, 사람들이 많이 보는 네이버나 다음 같은 인터넷에 광고도 해야 하는데 이런 것들은 다 돈이 있어야 가능해요. 나중에 실제 선거에서 15%를 득표하면, 그러니까 투표한 백 명 가운데 열다섯 명 이상이 나를 찍어 주면 이런 돈은 나라에서 거의 보전해 줘요. 하지만 그에 미치지 못하면 다 내 돈을 써야 하는데, 선거에 필요한 돈은 백만 원, 천만 원 이런 정도가 아니라 가히 천문학적이라고 할 만해요. 그뿐 아니라 선거에 나가기 위해서는 어떤 정당에서 나를 추천해 줘야 당선 가능성이 높아져요. 게다가 나 말고도 선거에 나가려는 사람이 더 있을 테니 이 사람들과 먼저 경쟁해서 이겨야만 선거에 나갈 수 있는 거죠. 그런데 여기에서도 돈이 엄청나게 들어가요. 결국, 누구든 선거에 나갈 수 있다지만 막상 돈이 없는 사람은 아예 출마조차 생각할 수 없는 거예요. 돈이 좀 부족하더라도 개그맨 유재석 씨나 피겨 요정 김연아 선수처럼 유명한 사람들은 당선될 가능성이 비교적 높지만, 대부분은 그렇게 알려진 사람들이 아니잖아요.

이런 식으로 돈이 많거나 유명한 사람 위주로 선거에 나가고 또 당선이 되다 보니까 여러 가지 문제가 생겼어요. 우리나라에는 국회의원이 3백 명인데 노동자나 농부, 보통 자영업자, 주부인 사람은 찾아보기 힘들어요. 그 대신 변호사나 언론인, 대학교수, 대기업 경영과 관련 있는 사람들이 대부분이죠. 그리고 만 25세부터 국회의원이 될 수 있다고는 하지만 2, 30대 젊은이는 찾아보기 힘들 만큼 아주 적고, 주로 5, 60대 나이 많은 이들이 대부분을 차지하고 있어요. 남자 여자가 인구의 반반인데도 여자 국회의원은 20%가 채 되지 않죠. 또 어떤 문제가 생길까요? 예를 들어 단 한 번도 가난해 본 적이 없는 사람이라면 아무리 국회의원이 되었다고 해서 집 없는 서민들의 삶을 진심으로 보듬어 주기는 어려울 거예요. 이번에는 대기업의 사장이었던 사람이라면 어떨까요. 아무래도 작은 공장에서 일하는 노동자들을 위한 법보다는 사업하는 사람들한테 도움이 될 일들을 더 많이 하게 되지 않을까요? 게다가 한 푼이라도 더 내서 자신을 후원하고 도우려는 사람들이 좋아하고 바라는 쪽으로 어떤 정책이든 만들게 되지 않겠어요? 물론 다 그렇다는 건 아니지만, 그렇게 되면 국민 모두를 위한 국회가 아니라 몇몇 소수에게만 좋은 곳이 될 가능성이 커질 수밖에 없어요. 우리나라 국민의 대부분은 노동자이고, 농민이고, 주부이면서 또한 학생이기도 한데, 이들의 목소리를 대변해 줄 가능성은 점점 줄어들 수밖에 없는 거죠.

그러다 보니 정치를 비난하거나 아예 관심을 갖지 않는 사람들이 갈수록 늘고 있어요. 2012년 제19대 국회의원 선거 때는

54.3%, 2014년 지방선거 때는 56.8%의 투표율을 기록했어요. 바로 직전 선거보다 조금 오르긴 했지만 여전히 절반에 가까운 사람들이 아예 투표를 하지 않았던 거죠. 투표해 봤자 아무 소용도 없을뿐더러 누가 되더라도 다 마찬가지라는 생각 때문이라고 해요. 투표권이 소중하다는 건 알지만, 내가 한 표를 행사하든 안 하든 결과가 달라지는 것도 아닌데 굳이 시간을 들여서 투표하러 갈 필요가 있느냐는 거죠. 선거 자체가 진정한 의미의 민주주의도 아닐뿐더러 더욱이 선거로는 돈 많고 인기 있는 사람들 위주로 선출되다 보니 평등하지도 않다는 거예요. 더욱이 그렇게 구성된 의회가 국민 모두를 위한 정치를 하는 것이 아니라 자기 자신이나 자기가 속한 정당, 혹은 자신을 후원하는 기업이나 단체의 이익을 더 챙기는 모습을 보면서 '반쪽짜리 민주주의'라고 비난하는 목소리가 점점 높아져 왔던 거죠.

그럼 어떻게 해야 반쪽짜리가 아닌 진짜 민주주의를 할 수 있을까요? 이제는 집집마다 인터넷으로 연결된 컴퓨터가 있고 스마트폰도 대부분 갖고 있으니 컴퓨터나 스마트폰으로 모든 사람이 투표해서 정하자는 사람도 있어요. 우리를 위해 일하지도 않는 국회의원이나 지방의원 대신 우리가 직접 컴퓨터로, 스마트폰으로 무엇이든 선택하면 되니까 그것만큼 좋은 민주주의가 어디 있겠느냐는 거죠. 그런데 한번 생각해 봐요. 한 30명 정도 되는

31

학급처럼 아주 작은 규모에서는 결정해야 할 내용이 그리 많지 않으니까 모든 학생이 '카톡방' 같은 것을 만들어 처리할 수도 있을 거예요. 하지만 우리나라 전체로 보면 크고 복잡한 일들이 얼마나 많겠어요. 게다가 무엇이든 최종 결정을 내리기 위해서는 어느 쪽이 더 미래지향적이고 효율적인지 장단점을 비교해 봐야 하는데, 그 많은 사안을 일일이 알아보고 하려면 다른 일은 아무것도 못하게 될 수도 있어요. 어떤 일이든 여럿이 함께 의견을 나누고 토론하면서 다수가 찬성하는 결론에 도달하고자 노력하는 것, 그런 과정 자체에 민주주의의 참뜻이 들어있어요. 그런 까닭에 컴퓨터나 스마트폰으로 모든 것을 정하자는 것은 진정한 대안이 될 수 없는 거예요.

그렇다면 누구나 평등하게 참여해서 자유롭게 의견을 나누는 민주주의, 그런 과정을 거쳐 하나의 결론에 이르고 그 결정에 따르는 진짜 민주주의는 어떻게 해야 가능해질까요? 오직 투표를 통한 선거만이 국민의 대표자를 뽑는 유일한 방식이라는 상식에서 벗어날 때 비로소 가능하지 않을까요? 저는 충분히 그럴 수 있다고 생각해요. 그 옛날 고대 아테네 시민들의 방식을 그대로 따를 수는 없지만, 더 지혜로워진 제비뽑기를 통해 국회의원도 선출할 수 있고 지방의원도 뽑을 수 있다고 생각해요. 대학을 나오지 않았다고 하더라도, 여자라고 하더라도, 직장이 없다

지구를 구하는 정치 책

투표해 봤자 아무 소용도 없을뿐더러
누가 되더라도 다 마찬가지라는 생각 때문이라고 해요.
투표권이 소중하다는 건 알지만,
내가 한 표를 행사하든 안 하든
결과가 달라지는 것도 아닌데 굳이 시간을 들여서
투표하러 갈 필요가 있느냐는 거죠.

고 하더라도, 그리고 돈이 없다고 하더라도 추첨으로 의원이 될
가능성은 누구나 다 가지고 있잖아요. 성별이나 나이, 직업, 학
력, 출신 지역에 관계없이 그 수에 비례하여 선출될 수 있으니 지
금처럼 특정 대학, 특정 직업, 특정 연령대의 남자 위주로 의회가
구성되지도 않을 거예요. 그러면 보다 다양한 계층의 사람들이
의원이 되어 나랏일을 하게 될 테니, 지금은 목소리조차 듣기 힘
든 계층의 사람들이 무엇을 바라는지도 더 잘 알 수 있게 될 텐
데요.

　여기서 또 하나 기억해야 할 것은, 설령 내가 의원으로 뽑히지
않았다고 하더라도 지금처럼 의원이 되는 것 자체를 아예 기대
할 수 없는 것과는 분명 다르다는 사실이에요. 이번이 아니면 다
음번을 기대할 수도 있고, 자신과 비슷한 사람이 실제로 의원이
되어 활동하는 모습을 지켜보면서 정치에 대한 관심이 더 커질
수도 있어요. 이제 정치라는 것이 몇몇 높은 사람들에 의해 좌지
우지되는 것이 아니라, 나와 더불어 살아가는 사람들이 직접 만
들어 간다는 신뢰가 쌓이면서 우리가 진정으로 원하는 것을 위
해 뭐든 해 보고 싶어진다는 거죠. 이렇게 관심이 커진 만큼 의
회에 요구하는 것도 하나 둘씩 많아질 테고, 그러면 의회에서도
시민의 뜻이 무엇인지 더 많은 시간을 들여 검토하고 이를 정책
에 반영하지 않을까요? 저는 이런 것이 바로 진짜 민주주의라고

생각해요. 단순히 선거와 제비뽑기의 문제가 아니라 어떤 모습의 정치를 하느냐가 중요하다는 거죠.

제비뽑기라고? 말도 안 돼!

그럼에도 불구하고 제가 추첨 민주주의를 소개하면서 국회의원이나 지방의원도 제비뽑기로 선출하는 게 어떠냐고 하면 반대하는 분들이 아주 많아요. 가장 큰 이유가 뭐냐면, 선거나 시험을 거치면 훨씬 똑똑하고 책임감 있는 사람이 될 수 있는데 추첨을 하게 되면 심한 경우에는 바보 같은 사람이 뽑히거나 나쁜 마음을 먹은 사람이 선출될 수도 있다는 거예요. 아무런 능력도, 경험도 없이 어느 날 갑자기 뽑혀 나온 사람이 도대체 무슨 일을 할 수 있겠느냐는 거죠. 일을 잘하기는커녕 오히려 잘 나오지도 않을 것이며, 그래서 국회든 지방의회든 결국은 다 엉망이 된다는 거죠.

그런데요, 과연 제비뽑기로 의원을 뽑으면 지금보다 더 잘못될까요? 제비뽑기로 의원을 선출하는 것이 아무리 민주주의의 이상과 가치에 맞는다고 하더라도 무능한 의회가 된다면 당연히 받아들일 수 없겠죠. 하지만 우리나라의 국회의원들은 대부분

국회의원 한 사람 한 사람은 대부분
다음번 선거에도 출마해서 의원이 되고 싶어 해요.
그러기 위해서는 자기가 속한 정당에 잘 보여야 하니까
정당의 눈치를 보면서 하라는 대로 할 수밖에 없는 거죠.

학교 성적이 좋아야만 들어갈 수 있는 대학을 졸업하고, 외국에 가서 박사까지 한 사람도 한둘이 아니고, 변호사나 의사, 대학교수처럼 누구나 부러워하는 직업을 가지고 있어요. 이른바 우리 사회에서 가장 똑똑하다는 사람들인 거죠. 그런데도 국회가 욕을 많이 듣잖아요. 왜 그럴까요? 그 이유는 단순히 의원 한 명 한 명의 능력이 모자란다거나 도덕적으로 문제가 있어서가 아니에요. 그들 모두가 정당의 추천을 받아 선거로 선출되기 때문이죠. 온 나라의 이목이 집중된 세월호 참사 때만 해도 그래요. 참사가 일어난 이유를 조사하고 피해자들을 지원하기 위한 '세월호특별법'조차도 정당끼리의 싸움 때문에 몇 달 동안이나 처리하지 못할 정도였죠. 국회가 난장판이 되고 삿대질에 멱살잡이까지 하는 장면을 지켜보면서 국민들은 그저 혀를 찰 수밖에 없었어요. 왜 그렇게까지 싸우는 걸까요? 그 이유 또한 그들 모두가 특정 정당 소속이기 때문이에요. 조금이라도 자기 정당에 유리한 쪽으로 결정하려다 보니 그렇게 되는 거죠. 국회의원 한 사람 한 사람은 대부분 다음번 선거에도 출마해서 의원이 되어 일하고 싶어 해요. 그러기 위해서는 자기가 속한 정당에 잘 보여야하니까 정당의 눈치를 보면서 하라는 대로 할 수밖에 없는 거죠. 만약 제비뽑기로 선출된 의원이라면 어땠을까요? 어찌 되었든, 다음 선거를 생각할 필요도 없고 누구 눈치를 볼 필요도 없는

제비뽑기와 진짜 민주주의

거죠.

누군가 아주 똑똑하고 말 잘하는 사람이 있으면, 사람들은 흔히 그를 가리키면서 국회로 보내 나랏일을 시켜야 한다고 말하곤 해요. 그러나 한 나라의 의회는 똑똑한 사람보다 다양한 사람들이 함께할 때 훨씬 좋아질 수 있다고 해요. 엘리트로만 구성된 집단의 결정보다 다양한 계층의 사람들로 구성된 집단의 결정이 더 나은 결과를 보인다고 하죠. 나올 사람이 거의 정해져 있는 선거 대신 제비뽑기를 한다면 20대 대학생도, 70대 어르신도, 장애가 있는 이도, 한국에 와서 가정을 꾸린 외국인 노동자도, 농사를 짓거나 공장에서 일하는 이도, 지금은 일을 쉬고 있는 사람도, 그리고 주부도, 이렇게 나이도, 성별도, 하는 일도 다 다른 사람들로 의회가 구성되기 때문에 더 나은 결정을 할 수 있게 된다는 거예요. 우리와 동떨어진 몇몇 정치 엘리트나 전문가들에게 모든 것을 맡기는 것이 아니라 평범한 사람들이 모여서 논의하고 결정하는 것이 오히려 합리적인 결과를 낳는다는 거죠. 그런 뜻에서 아리스토텔레스는 이렇게 말하기도 했어요.

"개인으로서의 한 사람 한 사람에게는 내세울 만한 자질이 없을지 모르지만, 그들이 하나의 집단을 형성하면 몇몇 훌륭한 사람들보다 더 뛰어난 자질을 보일 수 있다. 그것은 마치 여러 사람이 함께 차린 잔칫상이 한 사람이 차린 잔칫상보다 나은 것과도 같다. 한 사람이 만든 음식보다는 잔치에 오는 모든 사람이 한 가지씩 음식을 장만해 오면 훨씬 다양한 음식을 맛볼 수 있게 되어 더욱 풍성한 잔치가 된다. 그들은 다수이고, 그들 각자는 나름대로의 탁월함과 지혜를 지니고 있기 때문이다. …… 이 사람은 이 부분을, 저 사람은 저 부분을 이해함으로써 모두를 합치면 전체를 이해하게 되는 것이다."

고대 아테네의 아리스토텔레스가 말한 이것이 바로 대중의 지혜라고 일컫는 '집단지성'이에요. 누가 이번에 제비뽑기로 선출되었든, 그들은 다 우리 주위에서 쉽게 만날 수 있는 사람들이잖아요. 지금은 의원이 되었지만, 임기를 마치면 다시 우리와 어울려 수다를 떨게 될 그런 사람들이잖아요. 그러니 그들이 오히려 평범한 사람들의 고민이 무엇이고 지금 당장 그들에게 어떤 게 필요한지 더 잘 알 수 있지 않을까요? 선거 때만 시장에 나타나서 짐짓 서민의 삶에 관심이 많다는 듯 어묵 사 먹는 모습을 보인다거나, 일요일 아침에 동네 조기축구회 사람들과 어울려 공 한 번 찬다고 해서 알 수 있는 것이 아니지 않겠어요? 버스나 지하철 요금이 얼마인지, 청년들이 편의점에서 힘들게 일하면서 받는 시급이 얼마인지, 여성들이 안심하고 아이를 낳아 맡길 곳이 얼마나 있는지 별 관심 없는 그들이 아니라 오히려 우리 주위의 평범한 시민들이 자신의 일이고 가족의 일인 듯, 친구의 일이고 이웃의 일인 듯 더 잘할 수 있지 않겠어요?

저는 추첨으로 국민의 대표를 뽑아서 이제껏 해 온 것과 다른 정치를 할 필요가 있다고 주장하지만, 그렇게 된다고 해서 곧장 민주주의가 실현되는 것은 아니라고 생각해요. 고대 아테네에서의 제비뽑기 민주주의가 완벽한 답이 될 수도 없고, 실제로 그대로 따라 하는 나라는 거의 찾아보기 힘들죠. 하지만 세계의 시민들은 그들로부터 무언가 배우려고 노력했고, 그런 노력은 실제로 기대하던 결과를 이끌어 내기도 했어요.

우리가 잘 아는 '배심원 제도'가 가장 대표적이에요. 어떤 사람에게 죄가 있는지 없는지를 판사가 다 결정하지 않고, 제비뽑기로 선출된 12명 정도의 배심원이 재판 과정을 지켜본 뒤 회의를 거쳐 평결하는 제도예요. 오늘날 미국과 영국을 비롯한 세계 여러 나라에서 시행하고 있는데, 판사는 배심원들의 판단에 따라 죄에 대한 형량만 정하는 거죠. 그러다 보니 어떤 사람들은 배심원 제도를 없애야 한다고 주장하기도 해요. 어려운 시험에 합격해 법을 잘 아는 판사가 결정하면 될 일이지, 법 공부를 하지도 않은 사람들이 배심원으로 참여하면 잘못한 사람이 벌을 받지 않거나 거꾸로 결백한 사람이 교도소에 갈 수도 있다는 말이죠. 그런데 아주 흥미로운 결과가 미국에서 나왔어요. 지난 50년 동안 배심원이 참여한 재판을 조사해 봤더니, 배심원 가운데 한두

지난 50년 동안 재판을 조사해 봤더니,
배심원 가운데 한두 명이 잘못하더라도
최선을 다하는 나머지 사람들 덕에 보다 정확하면서도
합리적인 판결이 내려졌다고 해요.

명이 잘못하더라도 최선을 다하는 나머지 사람들 덕에 보다 정확하면서도 합리적인 판결이 내려졌다고 해요. 사람이 하는 일이다 보니 잘못된 판단도 물론 나올 수 있어요. 하지만 그건 판사가 내리는 판결도 마찬가지예요. 살인을 저질렀다고 최종 판결한 뒤 감옥으로 보냈는데 나중에 진짜 범인이 잡히기도 하잖아요. 배심원들의 결정에 판사가 무조건 따르는 것은 아니지만, 우리나라에서도 2008년부터 '국민참여재판제도'라고 해서 배심원이 재판에 참여하고 있어요. 그런데 그 결과가 아주 놀랄만해요. 배심원들의 결정과 판사의 판결이 91%나 일치했다고 하죠. 우리나라에서는 지방법원, 고등법원, 대법원 이렇게 세 번 재판을 받을 수 있잖아요. 지방법원의 판결이 상위 법원인 고등법원에 가서 바뀌기도 하는데, 그 바뀌는 비율에서 배심원이 참여한 재판이 그렇지 않은 재판의 절반 수준에 머물렀다고 해요. 법을 배우지 않은 시민들이 상식을 가지고 판단한 것이 법을 잘 아는 판사의 판단과 큰 차이가 없을뿐더러 오히려 더 나은 결과를 보였다는 거죠.

캐나다 브리티시컬럼비아 주, 온타리오 주에서는 제비뽑기를 통해 '선거개혁시민총회'를 만들었어요. 이 총회가 무엇을 하는 곳인가 하면, 선거제도를 어떻게 바꿀지 토론하고 방향을 정하는 곳이었어요. 여기서 내놓은 선거제도에 대한 실행 여부는 전체 주민들이 투표해서 결정했다고 하죠. 그럼 이런 생각이 들지 않나요? 이들 주에도 정당이 있고 의회가 있을 텐데, 거기서 의원들이 결정하면 될 일을 번거롭게 제비뽑기까지 해 가면서 왜 총회를 만들었을까, 하고 말이죠. 하지만 그 이유도 아주 낯익은 것이었어요. 다들 자기 정당에서 더 많은 의원이 선출될 수 있도록 하기 위해 전혀 양보하려 들지 않았기 때문이었죠. 따라서 어떻게든 선거제도를 바꾸기 위해서는 정당에 속한 의원이 아니라 시민들이 모여 결정하는 것이 더 합리적이라는 판단으로 총회가 만들어진 거였어요. 브리티시컬럼비아 주의 경우에는 총회가 11개월 동안 운영되었는데, 161명의 구성원 가운데 단 한 명만이 중간에 그만두었다고 해요. 출석률도 거의 100%에 가까웠다고 하죠. 제비뽑기로 선출되었다고 해서, 보통 시민이라고 해서 출석도 제대로 하지 않고 무책임하게 행동하리라는 예측들은 그야말로 섣부른 기우였던 셈이죠.

그런가 하면 아일랜드에서는 헌법 조항을 개정하기 위한 검토 과정에서 선거로 뽑은 33명의 정치인과 함께 제비뽑기로 선출한 66명의 비정치인도 참여하도록 했어요. 거기에다 의장으로 임명된 1인까지 총 100명으로 헌법 개정을 위한 회의체를 구성하고, 이를 1년 동안 운용하기도 했어요. 또한 우리나라의 '녹색당'은 세계에서 처음으로 당의 대의원을 전원 제비뽑기를 통해 선출하

제비뽑기와 진짜 민주주의

선거가 아닌 제비뽑기를 통해
더 나은 시민 의회가 탄생할 수도 있다고
새롭게 생각해 보는 것, 바로 그런 마음의 자리가
진짜 민주주의의 출발점이 아닐까 싶어요.

고 있어요. 임기가 1년인 대의원을 지역이나 성별, 나이를 고려하여 제비뽑기하되, 10% 이내에서 장애인 등 사회적 소수자에게도 별도로 배정하고 있죠. 어떻게 하면 보다 나은 민주주의를 실현할 수 있을지, 다양한 정치적 실험이 이루어지고 있는 거예요.

평범한 사람들의 진짜 민주주의

우리는 어릴 때부터 투표를 통해 반장을 뽑으면서 민주주의를 제대로 하려면 공약을 잘 보고 좋은 후보를 선택해야 한다고 배워 왔어요. 그러다 보니 '민주주의 = 선거'라는 공식이 당연한 것처럼 머릿속에 뿌리박히게 되었죠. 하지만 오랫동안 당연한 듯 여겨 온 것이 더는 그렇지 않을 수 있다는 것, 선거가 아닌 제비뽑기를 통해 더 나은 시민 의회가 탄생할 수도 있다고 새롭게 생각해 보는 것, 바로 그런 마음의 자리가 진짜 민주주의의 출발점이 아닐까 싶어요.

저는 다른 나라보다 우리나라에서 제비뽑기로 선출된 시민 의회가 더 잘될 거라고 생각해요. 전 세계적으로 봐도 우리만큼 교육 수준이 높은 나라가 드물어요. 시민의 교양과 상식 수준이 높으니 의원으로서의 역할을 해낼 수 있는 최소한의 능력이 있어요. 그리고 우리나라는 인터넷을 통한 온라인 참여지수가 2014년 기준 세계 1위였어요. 그만큼 시민들이 정치나 사회 문제에 관심이 많다는 뜻이죠. 무엇보다도 우리에게는 시민의 힘으로 독재 권력을 몰아내고 민주화를 이루어 낸 경험이 있어요. 민주화와 함께 고도의 산업화를 이룬 유일한 나라로 세계에서도 손꼽히고 있죠. 그런 역량이 쌓이고 쌓여서 시민들은 저마다 자신의 직업에서 공공정책을 바라보고 평가할 수 있는 사회적 지식까지 두루 갖추게 되었고 말이죠. 이러한 사실들로 미루어, 저는 우리나라에서 추첨을 통해 의원을 선출하는 것이 전혀 불가능한 것은 아니라고 생각해요.

그렇다고 해서 지금 당장 선거를 없애고 제비뽑기로 다 바꿀수는 없어요. 무슨 일이든 다수의 지지를 얻기 위한 민주적인 절차가 필요한 법이죠. 예를 들어 우리는 학교에서도 반장, 부반장을 선거로 뽑아 왔어요. 그런데 반장이나 부반장은 우리나라하고 일본 정도에만 있고, 미국이나 영국 같은 나라에서는 당번이라는 제도를 두고 있죠. 한두 사람에게 권한을 주어 나머지 구성원을 통제하는 게 아니라 추첨을 통해 1주일씩 돌아가면서 모두에게 그 역할을 해 보도록 하는, 보다 민주적인 방식인 거죠. 저는 나랏일을 하는 국회라고 해서 다르지 않다고 생각해요. 생각을 바꾸면 무엇이든 하나 둘씩 변해 갈 수 있는 거죠. 국회는

지구를 구하는 정치 책

헌법을 바꾸지 않으면 제비뽑기로 의원을 선출할 수 없지만, 지방의회는 법만 바꿔도 할 수 있어요. 지방의회 중에서도 서울이나 강원도처럼 큰 곳이 아니라 종로구청이나 평창군처럼 좀 더 작은 단위의 지방의회에서부터 시작해 보면 어떨까요? 그마저도 걱정이 된다면 절반은 선거로, 절반은 제비뽑기로 선출할 수도 있지 않을까요?

물론 선거 대신 제비뽑기를 한다고 해서 모든 것이 다 잘 될 거라고는 생각하지 않아요. 제비뽑기로 선출된 의원들도 얼마든지 잘못된 결정을 내릴 수 있죠. 제비뽑기 역시 하나의 수단일 뿐 그 자체로 만능은 아니니까요. 그러므로 제비뽑기 민주주의가 성공하느냐 그러지 못하느냐는 결국 '사람'의 몫인 거예요. 저는 선거에서 주어진 한 표를 던지기 위해 투표장에 가는 것만으로는 결코 민주시민이 될 수 없다고 생각해요. 어떤 문제가 중요한 것이라면 직접 참여하여 의견을 밝히고, 다른 사람들의 이야기에도 귀를 기울여보고, 나와 생각이 다르긴 하지만 그 생각이 타당한 것이라면 그럴 수 있다며 인정해 주고, 내 생각과는 달리 많은 사람들이 그렇게 결정했다면 기꺼이 따를 줄도 알아야 한다고 생각해요. 이런 것을 배워 가는 과정이 바로 진짜 민주주의라는 거죠. 민주주의는 아주 똑똑한 몇몇 사람이 아니라 바로 우리 친구들, 그리고 일터와 학교에서 만나는 모든 사람들, 아침

마다 거리를 청소해 주는 환경미화원들, 학교 앞 문방구 가게 아저씨, 떡볶이집 아주머니, 이렇게 우리 주위에서 더불어 살아가는 평범한 사람들이 다 함께 만들어가는 거예요.

"먹고살기도 힘들어 죽겠는데 정치까지 어떻게 관심을 가져!"

우리 주변에는 이렇게 말하면서 정치는 국회의원들이나 대통령이 알아서 할 거라는 분들이 제법 많아요. 하지만 먹고살기 힘든 것을 조금이라도 나아지게 하는 것이 바로 정치예요. 공부하는 학생들에게 가장 큰 고민이 뭔가요. 그중 하나가 좋은 성적을 내서 원하는 대학에 들어가는 것 아닌가요? 그러나 대학입시가 교육의 전부인 것처럼 되어 버린 현실에 만족하지 않는다면, 학교가 갈만한 곳이 되게 하는 것도 다름 아닌 정치예요. 대학에 가게 되더라도 등록금이 너무 비싸 아르바이트를 해야 하거나 은행으로부터 돈을 빌리지 않으면 공부하기조차 힘든 학생들이 요즘 셀 수 없이 많아요. 이러한 현실에서 좀 더 공부에만 집중할 수 있도록 장학금 제도를 만드는 것도 정치예요. 자기 집이 없는 경우 큰돈을 올려줄 형편이 안 되면 전세 계약이 끝날 때마다 다른 곳으로 이사를 다녀야만 하는데, 이처럼 집 없는 사람들도 자기 집을 가질 수 있도록 주택을 싸게 지어 분양하는 것도 아주 중요한 정치의 일이죠.

이렇듯 정치는 우리의 삶과 떼려야 뗄 수 없는 관계에 있고,

따라서 우리가 정치를 외면할 수 없는 까닭은 우리의 살림살이와 미래의 희망에 이르기까지 모든 것이 다 거기에서 비롯되기 때문이에요. 그런 정치를 선거로 뽑힌 몇몇 사람에게만 맡겨놓아도 괜찮은 걸까요? 이들이 선거에 나와서 표를 달라고 할 때처럼 자기가 한 약속을 지키는 것도 아닌데 말이죠. 오직 시민의 힘, 서로의 손을 꼭 잡고 한 덩어리로 굳게 뭉치는 연대의 힘만이 진짜 민주주의를 이루고 지켜낼 수 있어요.

제비뽑기와 진짜 민주주의

02

우주선 '지구호'는
구조될 수 있을까?

영화 〈마션〉, 생존의 기로에 선 화성의 지구인과
기후변화 이야기

조홍섭

환경과 과학 분야에서 20년 넘게 기사를 써 온 우리나라 전문기자 1세대입니다. 〈과
학동아〉를 거쳐 〈한겨레〉에서 환경전문기자 겸 논설위원으로 일하고 있습니다. 깊이
있는 시각과 생명에 대한 따뜻한 감성으로 생태보전, 공해피해, 에너지 등 난해한 환
경 문제들을 취재하고 해석하여 소개해 왔습니다. 〈한겨레〉의 환경생태전문웹진 물
바람숲(ecotopia.hani.co.kr)을 운영하면서 자연사, 전통생태, 생태학 등 인간과 자연
의 관계를 성찰하는 글을 주로 쓰고 있습니다. 주요 저서로 『자연에는 이야기가 있다』
『한반도 자연사 기행』 등이 있고, 『기후변화와 정치경제학』 『생물다양성, 얼마나 더 희
생해야 하는가』 등을 번역했습니다.

무엇이 정말로 소중한지는 없어져 봐야 안다고 합니다. 엄마의 사랑, 친한 친구, 그리고 물과 공기가 그런 예겠죠. 생명을 유지하는 데 꼭 필요한 물과 공기를 지구에서 공짜로 얼마든지 구할 수 있다는 건 축복이라고 할 수 있습니다. 물과 공기의 소중함을 절실하게 느낄 수 있는 곳이 바로 우주선입니다. 우리나라의 첫 우주인인 이소연 씨는 2008년 국제우주정거장(ISS)에서 11일 동안 머물렀습니다. 이 우주정거장에는 2016년 1월 30일 현재 영국 최초 우주인 티모시 피크 등 6명이 머물고 있습니다. 그런데 우주정거장에서 물은 어떻게 조달할까요?

우주인들이 그 무거운 생수통을 로켓에 태우고 갈 수는 없습니다. 지구 궤도에 무게 1kg짜리 물건을 올리는 데만 비용이 2만 달러가 듭니다. 4명의 우주인이 1년 지내려면 2만kg의 물이 필요합니다. 단순 계산으로도 물 값만 4억 달러가 드는 셈입니다. 그렇다고 우주에 옹달샘이 있을 리도 없지요. 결국 처음 가져간 물을 재활용하고 그래도 잃어버리는 물은 보충할 수밖에 없습니다. 샤워, 세수, 양치에 쓴 물은 모두 정수해 다시 씁니다. 오줌도 예외가 아닙니다. 게다가 숨을 내쉴 때 공기로 나가는 수분도 모두 회수합니다. 우주선에는 사람만 있는 게 아니라 실험용 쥐도 삽니다. 그러니 사람의 날숨과 쥐의 날숨, 사람의 오줌과 쥐의 오줌도 모두 똑같이 오늘 아침 마시는 컵 속의 물이 됩니다. 좀 역겹게 느껴질 수 있겠지만 수질은 완벽하다고 합니다. 힘들게 만든 물인 만큼 아껴 씁니다. 수도꼭지에서 콸콸 쏟아지는 물로 세수하는 것이 아니라 노즐에서 나오는 물을 천에 적셔 손을 닦습니다. 샤워할 때 지구상에서 50L의 물을 썼다면 우주정거장에서는 4L로 해야 합니다. 1L들이 생수병 4개로 여러분은 샤워를 할 수 있을까요? 그나마 우주정거장은 지구에서 가까워 수시로 물자를 보급할 수 있어 형편이 나은 편입니다. 몇 년씩 걸리는 우주여행이나 우주기지라면 어떻게 해야 할까요?

지구는 우주에 떠 있는 한 척의 우주선

아직 행성 간 여행이나 우주기지는 없지만 그런 상황을 상상할 수 있는 방법이 있습니다. 먼저 영화입니다. 리들리 스콧 감독의 영화 〈마션〉이 2015년 10월 상영돼 488만 명의 관객을 끌어 모았습니다. 화성에 기지를 만들기 위해 여러 차례 우주왕복선을 보내던 미국 항공우주국의 화성 탐사 과정에서 벌어진 일을 담았습니다. 사고로 화성에 홀로 남겨진 우주비행사 마크 와트니(맷 데이먼)가 온갖 어려움을 이기고 귀환하는 이야기입니다. 이 영화에서 관심거리는 지구가 공짜로 제공하는 물, 공기, 흙 등 온갖 생태계 서비스가 전혀 없는 화성에서 살아남아야 한다는 점입니다. 화성의 환경은 우주복을 벗고 우주기지를 나가자마자 산소 부족과 낮은 기압, 영하 270도에 이르는 혹한 때문에 즉사할 정도로 가혹합니다. 게다가 지구로부터 구조대가 오기까지 몇 년이 걸릴지 모릅니다. 주어진 자원을 최대한 활용해 살아나가야 하는 거지요.

마크 와트니가 처한 이런 상황이 흥미로운 것은 지구가 놓인 여건과 비슷하기 때문입니다. 물론 지구에는 물, 공기, 흙이 있지만 환경오염, 식량난, 자원 고갈 등 새로운 위협 요인이 있고 70억이 넘는 인구를 먹여 살려야 하는 큰 과제가 놓여 있습니다. 그 모든 것을 지구 안에서 해결해야만 합니다. 그래서 세계적 경제 호황기였던 1960년대부터 한정된 지구가 무한정 성장할 수 있는지 걱정하던 이들은 '우주선 지구'라는 표현을 썼습니다. 지구는 우주에 떠 있는 한 척의 우주선이고 우리는 모두 그것을 조종하는 우주인이란 관점입니다. 지구 차원의 환경 재앙인 기

화성에서 살아남을 수 있었던 건
불굴의 의지, 뜨거운 동료애, 첨단과학,
냉정한 산수 능력 덕분만이 아닙니다.
지구에서 가져간 생명 진화의 역사가 없었다면
살아남을 수 없었습니다.

후변화에 대처하기 위해 머리를 싸매고 있는 요즘 이 비유가 새삼 우리에게 다가옵니다. 화성에서 생존 전략을 짜는 마크 와트니와 우리는 크게 다를 바 없는 셈입니다.

다시 영화로 돌아가서 와트니가 무슨 일을 했나 알아보지요. 영화에는 자세한 내용이 나오지 않지만, 앤디 위어의 원작 소설을 보면 기지에 돌아온 와트니는 상처를 처치한 뒤 바로 계산에 들어갑니다. 1,425일 뒤에 다음 화성 착륙선이 오는데 식량, 물, 공기가 그때까지 버틸지 따져 봅니다. 기지에는 6명의 식량이 50일분 비축돼 있는데 혼자이니 300일, 식사량을 4분의 1 줄이면 400일을 버틴다는 계산이 나옵니다. 결국 굶어죽을 수밖에 없습니다. 이때 추수감사절에 먹을 특식으로 가져온 통감자를 발견합니다. 이 감자를 우주기지 안에서 재배해 부족한 식량을 메우기로 합니다. 화성의 흙에 지구에서 실험에 쓰려고 가져온 토양 생물이 살아있는 흙을 섞고 배설물로 퇴비를 만들어 우주 농사를 시작합니다. 여기서 우리는 다시 한 번 지구가 주는 보이지 않는 혜택을 실감합니다. 감자와 토양 미생물은 모두 30억 년에 이르는 지구 생명의 역사가 빚어낸 결과물이니까요. 와트니가 화성에서 살아남을 수 있었던 건 불굴의 의지, 뜨거운 동료애, 첨단 과학, 냉정한 산수 능력 덕분만이 아닙니다. 지구에서 가져간 생명 진화의 역사가 없었다면 살아남을 수 없었습니다.

영화가 아니라 실제로 우주 기지 건설을 실험한 적이 있습니다. 1984년부터 1991년까지 미국 애리조나의 사막에 거대한 온실 비슷한 건물이 들어섰습니다. 이 시설의 이름은 '바이오스피어2'입니다. 바이오스피어가 생물권, 곧 지구를 가리키니까 이 시설은 '제2의 지구'를 뜻합니다. 외부와 완전히 격리된 이 건물의 내부 면적만 1만 3000m²에 이릅니다. 2억 달러를 들여 만든 이 거대한 건물 속에는 열대림, 사막, 바다, 호수 등 생태계가 조성됐고 남자와 여자 각 4명이 농사를 지어 식량을 자급하며 2년 동안 외부의 도움 없이 살 계획이었습니다. 실험은 1년 5개월 만에 중단됐습니다. 건물 안의 산소 농도가 21%에서 14%로 떨어졌습니다. 해발 5800m 고산지대 같은 저산소 상태가 됐던 것입니다. 그 원인은 나중에 밝혀졌는데, 식량 생산을 위해 준비한 비옥한 토양 속 탄소가 미생물에 의해 분해되면서 산소를 대량으로 소비했습니다. 애초 예측하지 못한 현상이었습니다. 이뿐만이 아니었습니다. 공기 속에 아산화질소가 급증하면서 비타민 B12 합성을 방해해 자칫 대원들이 뇌손상을 입을 지경에 이르렀습니다. 이산화탄소를 흡수하기 위해 심은 나팔꽃 등 덩굴식물은 농작물을 온통 뒤덮었고, 꽃가루받이를 할 벌과 나비가 사라진 대신 개미와 바퀴가 들끓었습니다. 사막은 영양분 과다로 초원이 되어 갔습니다.

바이오스피어2 내부의 인위적 생태계를 유지하기 위해 연간 100만 달러의 에너지를 투입했지만 생태계는 제대로 돌아가지 않았습니다. 거주자 사이의 알력과 다툼으로 스트레스가 쌓인 문제는 별도로 하고 말입니다. 지구가 거저 제공해 주는 생태계 서비스를 인공적으로 재현하는 일이 얼마나 어려운지 드러났습니다. 이 프로젝트를 평가한 1996년 과학저널 〈사이언스〉의 논문은 이런 결론을 내립니다. "현재로선 지구의 생명력을 유지하는 것 말고 다른 대안은 없다. ……자연 생태계가 공짜로 생산하는 생명 지탱 서비스를 인류에게 제공해 줄 공학적 시스템을 어떻게 구축할지 아무도 모른다. ……인간의 활동으로 인해 주요한 생물권을 작은 조각으로 만드는 일은 매우 조심해야 한다. ……지구는 신비롭고 위험하긴 해도 생명을 지탱할 수 있는 유일하게 알려진 집이다."

승선 인원만 70억

2015년은 지구의 미래에 관한 중요한 결정을 내린 해로 두고 두고 기억될 것입니다. 그런 결정을 내린 사람은 과학자가 아니라 정치가들이었습니다. 12월 프랑스 파리에서 열린 유엔 기후변화협약 21차 당사국 총회 참가자에는 140명의 주요 국가 정상이 포함돼 있었습니다. 이들은 자신의 임기를 훌쩍 뛰어넘는 금세기 말까지 지구의 안녕을 보장하기 위한 합의안을 만들기 위해 밤을 새웠습니다. 그렇게 해서 내린 결론은 금세기 말까지 지구 평균 온도의 상승폭을 산업화 이전보다 2도 훨씬 아래로 하고, 1.5도 선에서 억제하기 위해 노력하기로 했습니다. 또 금세기 중반까지 대기 속 온실가스 농도 증가를 멈추게 하자고 약속했습니다. 다시 말해, 나무를 많이 심거나 베지 않고, 공기 속 이산화탄소를 붙잡아 격리하며, 화석연료 대부분을 땅속에 그대로 두어 '탄소 중립'을 이루겠다는 것입니다. 인류가 공기 속으로 추가하는 이산화탄소가 없도록 하겠다는 것이죠. 앞으로 적어도 50~100년 뒤 지구의 모습은 산업화 시대와는 전혀 다를 것입니다. 석탄이나 석유를 대규모로 채굴하는 모습이나 대규모 화력 발전소가 가동하는 산업단지는 보기 힘들어지겠지요. 대신 태양광과 풍력 발전 단지가 흔하게 보이고, 더 많은 녹지 사이로 사람들이 걷거나 자전거를 이용해 이동하는 모습이 자주 보일 겁니다.

기후변화가 현재 지구에서 가장 심각한 환경문제라는 데 이의를 다는 사람은 없습니다. 인류가 대기 속에 내보낸 이산화탄소 등 온실가스 때문에 지구의 온도가 점점 더워지고 있습니다.

기후변화가 현재 지구에서
가장 심각한 환경문제라는 데 이의를 다는 사람은 없습니다.
인류가 대기 속에 내보낸 이산화탄소 등 온실가스 때문에
지구의 온도가 점점 더워지고 있습니다.

그 영향은 단순하지 않습니다. 사과가 나지 않으면 바나나를 먹으면 되고, 명태가 안 잡히면 고등어를 먹고…… 하는 식으로 해결할 문제가 아닙니다. 기후변화는 날씨를 더욱 변덕스럽게 만들어 열파와 한파, 더욱 강해진 열대 폭풍으로 많은 이들의 목숨을 앗아갑니다. 물 부족을 일으켜 가난한 농부들이 더는 농사를 짓지 못해 땅을 버리고 떠돌아야 합니다. 해수면에서 가까운 작은 섬나라 주민이나 해안의 대도시 주민들도 삶터를 버리고 이주해야 하는 상황이 올지도 모릅니다. 온실가스를 주로 내보낸 것은 부자 나라인데 가난한 나라는 더 가난해지고, 가난한 사람들이 먼저 큰 피해를 보는 불공평한 일이 나타납니다. 더 우려스러운 건, 이런 자연환경의 교란으로 요즘 중동과 아프리카, 아시아에서 유럽으로 향하는 목숨을 건 난민의 행렬에서 보는 것과 같은 끔찍한 일이 세계 곳곳에서 더 큰 규모로 일어난다는 것입니다. 그래서 기후변화는 세계의 안보 문제가 됐습니다. 정치가들이 파리에서 새로운 기후변화 협정에 합의하게 된 가장 중요한 이유는, 이대로라면 그런 재앙이 닥칠 것이 너무나 분명했기 때문입니다.

정치가들이 이런 중대한 결정을 내릴 수 있었던 데는 기후변화의 독특한 점이 작용했습니다. 대기 속에서 열을 붙잡는 온난화의 주범인 이산화탄소는 일단 대기로 나가면 쉽게 분해되지 않고 수백 년 동안 머물러 있습니다. 대기 속 이산화탄소 농도가 어느 정도이면 지구의 온도를 얼마나 높일지 어느 정도 알려져 있기 때문에 지구의 미래를 비교적 정확하게 내다볼 수 있는 것이죠. 기후 재앙은 무엇이 원인이고 언제 발생할 것이며 어떻게 해결할지까지 훤히 알고 있다는 점에서 인류가 겪은 어떤 재앙과도 다릅니다. 마치 화성에 홀로 남겨진 우주인 와트니처럼 세계의 과학자와 정치가들은 인류가 살아나려면 무엇을 어떻게 해야 하는지 계산할 수 있었습니다. 그 결론은 단순 명쾌합니다. 지구 기온 상승을 산업혁명 당시보다 2도 이내로 억제하려면 대기 속 이산화탄소의 양을 3,000기가톤(1기가톤은 10억톤) 이하로 묶어야 하는데, 이제까지 배출한 양이 이미 2,000기가톤이니 나머지 용량 1,000기가톤을 세계가 공평하게 나눠서 배출해야 한다는 것입니다. 기후 재앙을 맞지 않기 위해 인류에게 허용된 온실가스 배출량은 정해져 있는데, 인류가 지금처럼 배출하면 남은 용량은 25년이면 사라져 버립니다. 그러니 세계가 서둘러서 이산화탄소 배출량을 줄여야 합니다.

그런데 이 문제는 그리 간단하지 않습니다. 같은 우주선이라고 비유했지만 화성 탐사선과 지구에는 다른 점도 있습니다. 우주인 와트니는 주어진 자원을 최대한 이용해 혼자만 살아남으면 됩니다. 화성에 영원히 거주하는 것도 아니고 다음 착륙선이 올

우주선 '지구호'는 구조될 수 있을까?

우주선 지구호에는
승선 인원만 70억이 넘습니다.
이들은 지구에서 자손을 이어가며
끝까지 살아야만 합니다.

때까지만 버티면 됩니다. 그러나 우주선 지구호에는 승선 인원만 70억이 넘습니다. 이들은 지구에서 자손을 이어가며 끝까지 살아야만 합니다. 후손이 누릴 행복을 우리가 탐욕스럽게 앞당겨 써 버리지 않는 방식으로 지구를 잘 관리해 가면서 말입니다.

게다가 70억 지구인은 평등하지 않습니다. 가난한 나라와 부자 나라는 온실가스를 내보내는 양에서 큰 차이가 있습니다. 경제가 많이 발전한 나라일수록 에너지를 많이 쓰고, 또 에너지를 많이 쓰면 쓸수록 이산화탄소가 많이 나오기 때문입니다. 선진국은 100년 넘게 석탄 등 화석연료를 사용해 경제 발전을 이룩했습니다. 요즘엔 전기를 사용할 때뿐 아니라 자동차를 타거나 고기를 먹을 때도 다량의 이산화탄소를 배출합니다. 편리하고 쾌적한 현대적인 삶은 필연적으로 온실가스 배출로 이어집니다. 미국 뉴욕 주 인구는 2천만 명인데 이들이 내보내는 이산화탄소의 양은 세계에서 가장 가난한 50개 나라 7억 7천만 명이 배출하는 것보다 많다고 합니다. 아직도 전기가 들어오지 않아 해가 떨어지면 생활을 중단해야 하는 사람이 세계에 16억 명이나 됩니다. 이들이 기후변화에 끼치는 영향은 미미하고 사실상 아무런 책임도 없습니다. 문제는 이산화탄소가 대기에 머물며 수백 년 동안 온실효과를 일으키기 때문에 선진국이 산업혁명기 때 배출한 이산화탄소가 아직도 기후변화에 기여한다는 사실입니다. 개발도상국은 선진국이 현재 배출하는 것과 함께 과거 배출한 온실가스의 '역사적 책임'도 져야 한다고 주장합니다. 산업혁명 이후 인류가 배출한 이산화탄소 10톤 가운데 7톤은 선진국이 내놓은 것입니다.

가난한 나라와 부자 나라

그렇다면 현재 나라별 이산화탄소 배출 실태는 어떨까요. 유럽공동체와 네덜란드 환경평가국이 2014년 화석연료 연소로 인한 이산화탄소 배출량을 집계했습니다. 세계에서 가장 많이 배출하는 나라는 중국으로 세계 배출량의 30%를 차지했습니다. 미국이 그 절반가량인 16.5%로 2위이고 유럽연합은 3위로 10%를 배출했습니다. 인도가 7%로 그 다음이고 러시아 5%, 일본 4%, 독일 2%, 이란 1.7%, 한국 1.7% 등이 뒤를 잇습니다. 가장 많이 배출한 10개 나라의 배출량을 합치면 세계 전체 배출량의 68%에 해당합니다. 우리나라는 세계에서 8번째로 많은 이산화탄소 배출국입니다. 이 통계를 보면, 선진국과 함께 중국과 인도 등 급속히 성장하는 개발도상국의 배출량이 상당히 많다는 사실을 알 수 있습니다. 물론 역사적 배출량을 모두 합치면 미국이 압도적인 1위입니다. 배출량을 국가별이 아닌 국민 1인당으로 환산하면 국가별 통계와는 다른 양상이 나타납니다. 국민 한 사람이 1년 동안 배출하는 이산화탄소의 양이 중국은 5톤인데 견줘 미국은 16.5톤에 이릅니다. 3배가 넘는 양이지요. 중국은 '세계의 공장'으로 선진국 사람들이 쓰는 물건의 대부분을 생산하는 제조업 대국이기 때문에 온실가스 배출량이 많지만 개인 소비 면에서는 미국보다 훨씬 적습니다. 인도도 1인당 배출량은 1.8톤에 불과합니다. 유럽연합 평균은 6.7톤이지만 제조업 비중이 큰 일본은 10.1톤, 독일은 9.3톤입니다. 우리나라는 12.3톤으로 온실가스를 많이 내뿜는 철강, 석유화학, 조선 등의 비중이 높다 하더라도 자원 대국인 러시아의 12.4톤에 더 비슷합니다.

1992년 유엔 기후변화협약이 체결된 이후 전 세계가 온실가스 감축에 참여하기로 합의하기까지 무려 23년이 걸렸습니다. 그 이유는 개발도상국과 선진국 사이의 이해관계가 달랐기 때문입니다. 개도국은 선진국이 기후변화의 주된 책임이 있으니 그 부담을 지는 한편 개도국이 경제발전을 계속 할 수 있도록 지원해야 한다고 주장합니다. 그러기 위해서 온실가스를 덜 내는 기술과 자금을 대 줄 것을 요구합니다. 기후변화의 역설은 온실가스를 많이 내보낸 나라는 그 피해를 덜 보고 온실가스 배출과별 관련 없는 개도국이 다른 나라보다 앞서 큰 피해를 본다는 겁니다. 물론 장기적으론 선진국도 기후재앙을 피할 길이 없지만 당장은 태평양의 섬나라나 아프리카 건조지대, 인도, 파키스탄, 방글라데시의 빈민 등이 피해를 봅니다. 그래서 개도국은 이들의 고통을 덜어줄 선진국의 지원과 양보를 원하는 것입니다. 선진국들도 이런 사실을 부인하지는 않습니다. 그러나 중국에서 보는 것처럼 개도국의 배출량이 최근 급증하고 있으니 감축 노력에 다 같이 참여하자고 합니다. 개도국이 돈과 기술을 내놓으라는 요구에는 개인 기업의 일이라 국가가 간섭하기 곤란하다고 발뺌합니다. 물론 이 문제는 복잡한 국제협상으로 타협점이 마련될 것입니다만, 가난한 나라와 부자 나라 사이의 격차가 갈수록 심해지는 상황이어서 갈등이 쉽사리 풀릴 것 같지는 않아 보입니다.

이런 불평등이 국가 사이에만 있는 것은 아닙니다. 한 국가 안에도 부자와 빈자 사이의 격차는 갈수록 벌어지고 있습니다. 부자는 이산화탄소를 많이 내보내는 삶-큰 집에서 냉난방을 많이 하고 큰 자동차를 몰고 고기를 많이 먹고 물건을 많이 소비하고 내버리는-을 영위합니다. 가난한 이들은 온실가스는 덜 내보내면서도 기후변화로 인한 열파 등 이상기후 피해를 독차지하고 기후변화가 불러올 신종 전염병, 해수면 상승, 식량 가격 급등 등의 피해에 더 많이 노출됩니다. 이런 불평등이 꼭 기후변화 때문만

선진국도 기후재앙을 피할 길이 없지만
당장은 태평양의 섬나라나 아프리카 건조지대, 인도,
파키스탄, 방글라데시의 빈민 등이 피해를 봅니다.

2014년 11월 9일, 인도 자이살메르 지역의 시골집으로 가져가기 위해 우물물을 끌어 올리는 여인들

은 아닐 것입니다. 기후변화 문제가 단순히 과학의 문제가 아닌 이유이기도 합니다. 기후변화를 대처하는 과정에서 우리는 그 나라뿐 아니라 국제사회의 불평등 문제도 해결해야 하는 것입니다. 세계에서 가장 바쁜 강대국의 정상들이 모두 2015년 파리 기후회의에 모인 것도 기후변화 문제가 정치 문제임을 보여줍니다.

마지막 임무

기후변화를 둘러싼 개도국과 선진국 사이의 견해차와 이해관계의 차이가 해소되지 않았는데도 역사적인 합의안에 도달하게 된 이유는 뭘까요? 여기엔 세계의 전문가들이 총동원된 기후변화 정부간 협의체(IPCC)라는 유엔 특별기구가 지구온난화를 이대로 내버려 두면 인류가 큰 재앙에 닥칠 것임을 과학적으로 명백하게 밝힌 것이 큰 구실을 했습니다. 그런데 이런 과학적 사실 못지않게 중요한 변화가 세계에서 벌어지고 있습니다. 이산화탄소 배출이 불가피한 방식의 경제는 이제 희망이 없다는 사실이 분명해졌다는 것입니다. 기업이나 금융기관, 연금이나 기금을 관리하는 기관 등이 이런 흐름을 민감하게 알아차리고 화석연료

또는 그것에 기반을 둔 산업에 대한 투자를 회피하고 있습니다. '저탄소 경제' 또는 '탄소 중립 경제'가 새로운 패러다임으로 등장하고 있습니다.

기후변화 문제를 보는 국가들의 태도도 달라졌습니다. 미국은 지난 20여 년 동안 세계 최대의 이산화탄소 배출국이면서도 기후변화협약 체제를 무력화시키는 데 앞장선 나라였는데 얼마 전부터 기후변화 전도사로 변신했습니다. 미국이 이렇게 변한 이유는 기후변화의 위협이 현실화하고 그 과학적 타당성이 입증된 뒤 세계가 갈 길은 저탄소 경제밖에 없다는 것을 경제계가 먼저 깨닫고 움직이고 있다는 사실 말고는 설명하기 어렵습니다. 이런 움직임은 중국, 인도, 브라질 등 신흥국으로 확산되고 있습니다. 이제 화석연료 소비를 늘리지 않고도 경제성장을 이룰 수 있다는 믿음이 세계에 퍼지고 있습니다. 풍력, 태양력 등 재생에너지 산업의 급성장은 그런 변화를 북돋고 있습니다. 2014년에 새로 설치한 발전 시설 가운데 60%가량이 재생에너지였습니다. 10년 전만 해도 풍력과 태양은 세계 전기의 0.5%를 공급하는 데 그쳤지만 그 비중은 4년마다 곱절로 늘어 2014년 4%가 됐습니다. 덴마크는 풍력으로 전기의 39.1%를, 이탈리아는 태양으로 7.9%를 생산합니다. 햇빛 자원이 좋지 않은 독일도 전기의 7%를 태양광으로 만듭니다. 우리나라는 1차에너지에서 재생에너지가 차지

이제 화석연료 소비를 늘리지 않고도
경제성장을 이룰 수 있다는 믿음이 세계에 퍼지고 있습니다.
풍력, 태양력 등 재생에너지 산업의 급성장은
그런 변화를 북돋고 있습니다.

하는 비중이 1%에 지나지 않아 경제협력개발기구(OECD) 34개 회원국 가운데 꼴찌입니다.

물론, 세계가 파리 기후회의에서 합의에 도달했다고 해서 기후재앙을 피할 수 있게 된 것은 아닙니다. 각국이 제출한 감축 계획을 그대로 이행해도 지구 온도는 3도가량 상승해 2도 목표를 크게 웃돌게 됩니다. 저탄소 경제가 대세가 되고 있다고 하지만 그것이 저절로 이뤄지는 것도 아닙니다. 예를 들어, 화석연료에 기반을 둔 기업은 이산화탄소 배출에 세금을 물리는 '탄소세'라는 제도 도입을 극력 반대할 것입니다. 우리나라에서 온실가스 감축 정책을 세울 때 대기업들이 대대적으로 반대하고 나서는 것도 그런 이유 때문입니다. 석탄 화력 발전 등 화석연료 산업에 정부가 대규모 보조금을 주고 있는데, 이를 재생에너지 보조로 바꾸자고 하는 시민단체의 목소리가 높지만 정부는 거들떠보지도 않습니다. 유권자가 선거에서 환경을 먼저 고려하는 정치인에 투표하고, 그들이 저탄소 경제로 전환할 정책을 입안해 실행하지 않는다면 아무런 변화도 일어나지 않을 것입니다. 화석연료 경제에서 저탄소 경제로 전환하려면 사회와 정치가 달라지지 않으면 안 됩니다.

영화에서 와트니의 마지막 임무는 이륙용 우주선이 대기하고 있는 3,200km 떨어진 곳까지 로버를 타고 여러 달에 걸쳐 이동

73

하는 것입니다. 이동하기 전 생명 유지를 위해 필요한 물건이 충분한지 점검해 봅니다. 감자, 물, 산소 발생장치, 공기 조절장치, 태양전지판, 난로로 쓸 소형 핵 발전기 등등. 계산 결과는 턱 없이 부족하다는 것입니다. 용케 로버가 사고를 당하지 않는다 해도 중간에 굶어 죽기 십상입니다. 그가 찾아낸 해법은 부족한 동력을 얻기 위해 로버에서 불필요한 의자를 뜯어내고 에너지 낭비 장치를 고치는 등 대대적인 감량을 하는 것입니다. 생존에 꼭 필요한 것이 뭔지 따져 보고 나머지는 모두 버립니다.

이 대목은 기후변화에 대처하는 지구인에게 시사하는 바가 큽니다. 기후변화의 근본 원인을 따지고 들어가면 인류가 지나치게 많이 소비한다는 데 이릅니다. 단지 물건을 많이 쓴다는 얘기가 아닙니다. 자연은 인류에게 깨끗한 물과 공기, 식량, 비옥한 토양, 적합한 기후 등 생태계 서비스를 무료로 제공합니다. 그런데 인류는 나무가 다 자라기 전에 베어내고, 태어나는 물고기보다 많은 물고기를 잡으며, 화석연료를 태워 숲과 바다가 흡수하지 못할 양의 이산화탄소를 배출하는 식으로 자연의 재생 능력을 깎아먹고 있습니다. 이처럼 인류가 써 버리는 생태계 서비스를 제공하려면 얼마나 많은 면적의 땅과 바다가 필요한지를 나타내는 개념이 바로 '생태 발자국'입니다. 세계자연기금(WWF)이 2014년 계산해 보니, 인류의 생태발자국은 지구 1.5개였습니다. 인류는 지구 하나로는 유지할 수 없는 삶의 방식을 꾸려나가고 있는 것이지요. 미국식으로 살면 지구가 3.9개 필요했고 한국인처럼 사는 데는 지구 2.5개의 생태계 서비스가 필요한 것으로 나타났습니다. 지구는 어차피 하나밖에 없습니다. 살아남으려면 우주인 와트니처럼 불필요한 낭비를 줄여야 합니다. 지구의 자원을 최대한 효율적으로 지속가능한 방식으로 쓰지 않는다면 미래는 없는 겁니다.

와트니가 무사히 지구에 귀환하는 데는 어떤 역경에도 포기하지 않은 용기와 동료 우주인의 목숨을 건 도움이 결정적이었습니다. 지구를 구하는 것도 결국은 실천에 달렸습니다. 그것도 한 순간의 영웅적인 결단과 행동이 아닌 우리 모두의 지속적인 실천 말입니다.

우주선 '지구호'는 구조될 수 있을까?

03

장발장은행 이야기

서로를 믿지 말아야 더 잘산다고 가르치는
자본주의 사회에서

홍세화

작가이자 사회운동가, 언론인으로 활동하고 있습니다. 대학 졸업 후인 1979년, '남민전' 사건에 연루되어 귀국하지 못하고 프랑스로 망명했습니다. 망명 시절 『나는 빠리의 택시운전사』라는 책을 펴내면서 사회 구성원이 서로를 아름답게 보듬어 내는, 차이를 차별과 억압의 근거로 삼지 않는 개념인 '똘레랑스'를 우리 사회에 선보였습니다. 2002년 귀국하여 한겨레신문 기획위원 등을 지냈으며, 현재 학습협동조합 '가장자리'의 이사장 및 '장발장은행'의 은행장으로 일하고 있습니다. 주요 저서로 『나는 빠리의 택시운전사』 『쎄느강은 좌우를 나누고 한강은 남북을 가른다』 『악역을 맡은 자의 슬픔』 『빨간 신호등』 『생각의 좌표』 등이 있습니다.

장발장은행은 2015년 2월 25일에 한국에서 태어났습니다. 법을 위반한 행위를 저질러 국가로부터 벌금형을 받은 사람들 중에 벌금을 낼 형편이 못돼 교도소에 갇혀 강제노역을 해야 하는 사람들에게 벌금액을 빌려주는 은행입니다. 이자도 없고 담보도 없습니다. 제가 아는 한, 전 세계에서 이런 일을 하는 은행은 한국의 장발장은행뿐입니다. 수형자가 감옥에서 강제노역을 할 경우, 2014년까지는 대개 하루에 5만 원씩 차감되었는데(이 금액은 판사 재량으로 정해집니다), 이른바 '황제노역' 사건(대주그룹 허재호 회장에게 교도소 노역 하루당 벌금 5억 원씩을 깎아 주어 사회적으로 논란이 되었던 사건. 그는 5일 동안 노역으로 25억 원의 벌금액을 깎을 수 있었다.) 이 터진 뒤부터는 대개 하루 10만 원으로 배가되었습니다. 가령 300만 원의 벌금형을 받은 사람이 벌금을 내지 못하면 30일 동안 교도소에 갇혀야 합니다. 장발장은행의 구호는 '자유'입니다. 300만 원을 대출해 준다면 그것은 곧 한 사람이 30일간의 자유를 획득하는 것입니다.

우리 사회의 '장발장'

장발장이 프랑스의 문인 빅토르 위고가 쓴 소설 『레미제라블』의 주인공 이름이라는 것은 잘 알 것입니다. 책 제목 『레미제라블』은 우리말로 '비참한 사람들'을 뜻합니다. 장발장은 빵 한 개를 훔친 죄로(그리고 탈옥을 시도했다가) 19년 동안 강제노역형에 처해집니다. 장발장이라는 이름은 국가로부터는 형벌을, 사회로부터는 무관심과 냉대를 받은 사람들의 대명사라고 할 수 있습니다. 죄를 지었으면 마땅히 벌을 받아야겠지요. 하지만 "죄는 미워해도 죄인은 미워하지 말라."는 격언이 있습니다. 장발장이 빵을 훔친 죄를 지은 것은 빵을 살 돈이 없었기 때문입니다. 하지만 국가는 '죄인(사람)'과 '죄(행위)'를 구분하지 않습니다. 그래서 빵을 살 돈이 없어 굶주렸던 '사람'은 보려고 하지 않고 도둑질이라는 '행위'만을 보고 형벌을 내립니다. 〈인권연대〉 활동가들과 함께 장발장은행 기획에 참여한 서해성 작가가 '사회적 모성'이라는 표현을 쓴 것은 '차가운 국가'와는 다른 '따뜻한 사회'의 의미를 많은 시민들과 함께 나누고 싶었기 때문입니다. 벌금형을 받은 사람들은 거의 생계형 범죄를 저지른 사람들입니다. 장발장처럼 가난해서 죄를 지었고 징역형보다 가벼운 벌금형을 선고받았는데, 다시 가난하기 때문에 교도소에 갇혀 자유를 빼앗기는 것입니다. 사람을 존중할 줄 안다면 이런 악순환은 옳지 않다고 생각할 것입니다. 장발장은행이 자유를 가장 중요한 구호로 정한 것은 이 때문입니다.

장발장은행의 주체는 당연히 이 은행의 취지에 동참하여 연대하는 시민들입니다. 장발장은행 설립 1주년이 되는 2016년 2월 25일 현재 2,458명의 개인과 단체, 교회 등에서 5억 4천 4백여만 원의 성금을 보내 주셨습니다. 그 덕분에 1년 동안 327명이 감옥에 가는 대신 자유를 누릴 수 있었습니다. 장발장은행이 문을 연다는 소식이 전해지자 이에 호응한 시민들의 참여와 언론의 관심도 컸지만, 예상을 훨씬 뛰어넘었던 것은 대출 신청의 쇄도였습니다. 장발장은행은 시민들의 성금을 대출금으로만 사용하기로 약속한 터여서 관련된 모든 실무를 시민단체인 〈인권연대〉가 맡았는데, 담당 간사는 매일 걸려오는 수백 통의 문의 전화에 응답하는 일만으로도 하루 일과를 다 보내야 하는 실정입니다. 개인적으로 어쭙잖게 은행장이라는 소임을 맡아 인문학자, 변호사, 법학전문대 교수, 인권활동가와 함께 대출 심사에 참여하고 있는데, 문자 그대로 '악역을 맡은 자의 슬픔'이라고 해야 할까요, 매번 곤혹스러움을 느껴야 합니다. 이미 국가로부터 벌금형을 선고 받은 사람들에게 또다시 누구에겐 대출을 해 주고 누구에겐 대출이 불가하다고 분류해야 하기 때문입니다. 신청자

중 20%(1년 동안 총 대출 신청자 1,938 명 중 1,697명이 서류를 냈는데, 이들 중 327명에게 대출해 주었음.) 정도에게만 대출해 줄 수 있는 한정된 재원이라는 합리화의 근거가 있지만, 심사할 때의 분위기는 자못 무겁습니다. '대출 가능'으로 분류할 때 커졌던 심사위원들의 목소리는 '대출 불가'를 결정할 때엔 잦아들고, 일단 '불가'로 분류했다가도 심사위원 한 분의 '다시 살피자'는 말에 또 한 번 들여다보기도 합니다. 이미 국가로부터 심판을 받은 사람들이기 때문에 무슨 잘못을 저질렀는가보다 집안 환경과 나이 같은 것을 더 중요하게 참작하여 결정합니다. 예를 들어 교도소에 갇히면 어린아이나 늙은 부모를 돌볼 사람이 아무도 없거나, 사회생활 초기에 잘못을 저지른 스무 살 안팎의 젊은이에게는 우선적으로 대출해 주고 있습니다. 사연은 저마다 기구하기 이를 데 없습니다. 단돈 1만 6천 원을 훔친 죄로 70만 원 벌금형을 선고받은 스무 살 청년이 있었는가 하면, 군 입대 전에 선고받았던 벌금을 내지 못해 전역과 동시에 교도소에 가야 할 처지에 있던 청년도 있었고, 입원 치료비를 낼 형편이 못돼 병원에서 도망친 어머니도 있었습니다. 감옥에 이미 갇혀 있는 사람을 나오게 할 때는 '돈이란 게 대체 무엇인가'라는 질문에 휩싸이기도 합니다.

대출을 받은 사람들이 고마움을 표시하는 것은 당연한 일입니다. "그게 어떤 돈인데 갚지 않겠느냐."고 말하기도 합니다.

장발장처럼 가난해서 죄를 지었고
징역형보다 가벼운 벌금형을 선고받았는데,
다시 가난하기 때문에 교도소에 갇혀
자유를 빼앗기는 것입니다.

300만 원을 대출 한도로 정하고 6개월 거치한 뒤 1년 동안 분납하는 것을 상환 기준으로 정해 놓긴 했지만, 대출 받은 다음 달부터 갚아 나가겠다고 말하는 사람도 있고 매달 5만 원씩 30개월 동안 갚겠다는 기초생활수급자도 있습니다. 은행 문을 연 지 1년이 지난 2016년 2월 25일까지 총 6억 1천 8백여만 원의 대출(평균 1,892,009원)을 받은 327명 중에 135명이 이미 상환하기 시작했으며 14명은 전액을 상환하였습니다.

준법과 위법 사이의 경계

가난의 질곡에서 벗어나기 어려운 사람들, 벌금형을 받은 자신의 수중에 100만 원, 200만 원도 없지만 가족이나 친지들에게서 빌리기도 어려울 만큼 사회적 관계까지 열악한 사람들, 그런 사람들을 주변에서 직접 만난 기억이 거의 없는데 세상에는 무척 많았습니다. 세상은 고급 아파트와 임대 아파트 사이처럼 분리되어 있었고, 나 또한 "소외되고 버림받은 민중"이란 표현을 쓰기도 했지만 그것은 관념에 가까운 것이었지요. 『감시와 처벌』을 쓴 프랑스 지식인 미셸 푸코가 동료, 후배들과 '감옥감시단'을 꾸렸던 일을 소개하며 실천하지 않는 지식인을 비판했던 화살은 정작 나 자신부터 맞아야 마땅했습니다. 돈보다 사람을 먼저 생각하고 인권의 중요성을 인식하는 것은 물론 중요한 일입니다. 하지만 그것만으로는 부족합니다. 올바른 생각을 갖는 것도 중요하지만 그에 따라 실천을 해야 하며, 실천이란 무엇보다 몸을 움직이는 것입니다. 〈인권연대〉는 오래 전부터 '평화인문학'이라는 이름으로 교도소에 찾아가 수형자들을 대상으로 인문학 강좌를 열어 왔습니다. 이 '평화인문학'의 강사로 참여했던 인권활동가, 변호사와 법학자들, 인문학자들이 장발장은행을 기획하고 참여한 것은 결코 우연이라고 할 수 없습니다.

한시도 결핍 상태에서 벗어날 수 없는 장발장들의 생존 조건은 늘 한계 상황에 직면해 있고 준법과 위법 사이의 경계에 머물러 있게 합니다. '생계형 범죄'의 경계에 아슬아슬하게 서 있다는 뜻입니다. 우리가 자주 말하곤 하는 '유전무죄, 무전유죄'라는 말의 뜻은 확장되어야 합니다. 돈이 없으면 죄가 되는 것에 머물지 않고 죄를 짓도록 이끌기 때문입니다. 잠시 가난한 사람의 자리에 서서 생각해 볼까요? 항상 가난에 찌들어 사는 나는 이름을 빌려주면 매달 100만 원씩 주겠다는 제안을 쉽게 거절할 수 있을까요? 성인용 비아그라를 전달해 주면 푼돈이나마 벌수 있는 지하철 택배를 하지 않을 수 있을까요? 평생 고아로 살아온 나는 찜질방에서 눈에 띈 지갑을 슬쩍하여 2만 원을 훔치

한시도 결핍 상태에서 벗어날 수 없는
장발장들의 생존 조건은 늘 한계 상황에 직면해 있고
준법과 위법 사이의 경계에 머물러 있게 합니다.
'생계형 범죄'의 경계에 아슬아슬하게
서 있다는 뜻입니다.

지 않을 수 있을까요? 병든 두 아이의 치료비가 많이 들어 새벽에 이유식 배달이라도 하고 싶은데 자동차 보험금이 없다고 그 일을 포기할 수 있을까요? 이처럼 '무전유죄'라는 말은 '돈이 없는 게 죄'라는 말에서 '죄를 부른다'는 말까지 담아야 하는 것입니다. 그런데 거기서 끝나지 않습니다. '무전유죄, 유전무죄'라는 말은 다시 '유전무병, 무전유병'이라는 뜻까지 결합시켜야 했습니다. 벌금형을 받은 사람들 중에는 기초생활수급권자들도 많은데, 그 자신이 아프거나 식구들이 아픈 경우가 거의 대부분입니다. 병이 들어도 돈이 없으니 제때에 치료받지 못하고, 그 상태가 오래 지속되면서 병을 키우는 결과를 낳기 때문입니다.

그럼에도 김수영 시인이 〈어느 날 고궁을 나오면서〉라는 시에서 표현했듯이, 우리는 주로 작은 일에만 분개합니다. 작은 도둑들은 빠짐없이 법망에 걸릴 때 큰 도둑들은 법망도 잘 피해 다닙니다. 그런데, 우리가 손가락질하면서 멀리 하려는 쪽은 큰 도둑이 아니라 작은 도둑들입니다. 사회적 약자들에 대한 사회의 무관심과 냉대는 국가로 하여금 거리낌 없이 벌금형을 내리게 하여 가난한 사람들을 더욱 가난의 막장으로 몰아붙이고 있는데 말입니다. 적절한 비교는 아니겠지만, 한국의 기업은 2011년부터 2014년까지 4년 동안 '성공불융자금'이라는 제도로 3,677억 원의 융자금을 탕감 또는 감면받았다고 합니다. 이름부터 어려운

이 제도는 기업이 해외 자원 개발을 위해 투자할 때 위험 부담이 크다는 이유로 시행되고 있는데, 실패했을 때 융자금을 탕감해 주거나 감면해 줍니다. 이렇게 기업에게는 국민 세금을 너그럽게 사용하는 국가가 가난한 국민에겐 야박하기 그지없습니다.

43,199라는 숫자

벌금을 내지 못해 환형유치되는(교도소에 들어가는) 사람이 1년에 몇 명쯤 될까요? 2009년에 43,199명이었고 매년 4만 명을 넘습니다. 저는 이 숫자를 처음 듣고 깜짝 놀랐습니다. 그 정도로 많으리라고는 상상하지 못했으니까요. 이 숫자에 비하면, 1년 동안 장발장은행의 대출 혜택을 받은 사람은 1%도 되지 않습니다. 이들 모두에게 교도소에 가지 않도록 하려면 수백억 원의 돈이 필요하다는 계산이 나옵니다. 물론 장발장은행이 자유를 빼앗기는 사람의 수를 단 한 사람이라도 줄일 수 있다면 그만큼 소중한 의미를 갖지만, 법 제도가 시급히 바뀌고 정비되어야 하는 이유가 스스로 드러납니다. 〈인권연대〉가 중심이 되어 5년 전부터 '43,199 캠페인'을 벌여 총액벌금제 대신 일수벌금제로 바꿔 소득과 재산에 따라 벌금에 차등을 두는 것, 징역형에 적용되는 집행유예를 벌금형에도 폭 넓게 적용하는 것, 연납과 분납제를 적극적으로 활용하는 방안 등 벌금제 개혁 입법을 위해 노력해 왔던 것도 그 때문이었습니다. 그러나 개혁 법안이 국회에 제출되었다가도 회기를 넘겨 자동 폐기되는 일이 반복되었습니다. 그동안 국회와 정치권이 직무유기를 했다고 말해도 틀리지 않는데, 언론 또한 제 역할을 했다고 말하기 어렵습니다.

징역형은 벌금형보다 무거운 형벌입니다. 그런데 징역형에는 집행유예제도가 있습니다. 이 글을 읽는 독자는 재벌 총수나 비리 정치인, 고위 공무원에게 예를 들어 "3년 징역에 5년 집행유예"의 선고가 내려졌다는 뉴스를 들은 적이 있을 것입니다. 그들은 벌금형보다 무거운 징역형을 받았지만 집행유예제도로 교도소에 가지 않습니다. 벌금형은 징역형보다 가벼운 형벌인데 벌금을 못 내면 교도소에 가야 합니다. 벌금형에는 집행유예제도가 없기 때문입니다. 어떤 변호사는 징역형이 아닌 벌금형을 받은 의뢰인한테서 불만의 소리를 들어야했다고 합니다. 징역형을 받으면 집행유예로 감옥에 가지 않을 수 있는데 벌금형을 받아 꼼짝없이 감옥에 가게 되었다고 말입니다. 이런 모순이 오랫동안 시정되지 않았다는 점이 우리를 참으로 어처구니없게 했습니다. 벌금형에도 집행유예제도를 두어야 한다는 것은 아주 상식적인 요구입니다.

그리고 한국의 총액벌금제와 달리, 유럽의 거의 모든 나라에서는 재산과 소득에 따라 차등을 두는 '일수벌금제'를 시행하고 있습니다. 교통 법규를 위반한 경우에도 소득에 따라 범칙금이 다릅니다. 핀란드의 노키아 회사의 부회장이 오토바이를 타고 과속(시속 60km 제한속도 구역을 80km 이상으로 주행)으로 달리다 단속에 걸려 11만 6천 유로(약 1억 4천만 원)의 범칙금을 내야 했다는 유명한 일화도 있습니다. 그만큼 벌금이나 범칙금을 부자에게는 많게 가난한 사람에게는 적게 내도록 법이 정하고 있는 것입니다. 독일에서는 무려 5천 배의 차이도 날 수 있는데, 이런 점이 그들에게 장발장은행 같은 게 필요 없는 이유이기도 할 것입니다. 돈 많은 부자에게는 수억 원의 벌금도 그야말로 껌 값에 지나지 않지만 가난한 사람에게는 단돈 백만 원도 엄중한 부담이 된다는 것은 삼척동자도 알 만한 일입니다. 자본주의 사회에서 가난은 이미 불평등을 겪는 것인데, 징벌에서 또다시 불평등을 겪게 하는 법제도는 오래 전에 고쳐졌어야 마땅합니다.

장발장은행은 국회나 법조계를 향해 잘못된 벌금 제도를 바꾸라는 시위를 벌이려고 태어났다고 해도 크게 틀리지 않습니다. 실제로, 캠페인만으로는 잘 움직이지 않던 국회가 장발장은행이 문을 연 지 1년도 채 되지 않은 2015년 12월 9일, 정기국회 마지막 날에 벌금제 개혁 법안을 본회의에서 통과시켰습니다. 그 내용은 세 가지입니다. 우선, 벌금형에도 집행유예제도가 도입되었습니다. 그동안 집행유예는 징역 3년 이하에만 가능했지만, 형법 개정을 통해 벌금 500만 원 이하에 대해서도 집행유예를 선고할 수 있게 되었습니다. 집행유예 기준을 500만 원 이하로 제한한 것은 좀 아쉽긴 하지만, 전체 벌금형 선고 건수 중에서 500만 원 이하의 벌금이 97%에 이르므로 크게 문제되지는 않을 것 같습니다. 둘째로, 벌금을 현금만이 아닌, 신용카드나 체크카드로도 낼 수 있게 되었습니다. 지금까지 벌금은 선고받은 날로부터 30일 이내에 현금으로만 내야 했기 때문에 목돈을 한꺼번에 마련하기 힘든 가난한 사람들에게는 큰 부담이었습니다. 마지막으로, 벌금에 대한 분할 납부와 납부 연기도 법률에 근거를 두게 되었습니다. 벌금을 나눠 내거나, 급한 사정이 있는 경우에는 나중에 낼 수 있게 된 것입니다.

큰 걸음을 내딛은 건 분명하지만, 소득과 재산에 따라 벌금에 차등을 두는 '일수벌금제'의 도입과 벌금을 내지 않는 경우에 교도소에 보내는 게 아니라 사회에서 봉사를 할 수 있도록 하는 법률 개정 등의 숙제가 여전히 남아 있습니다. 그래도 이번 법률 통과로 벌금을 내지 못해 매년 4만 명 넘게 교도소에 갇혀야 하는 고통과 불행은 상당히 줄어들게 되었습니다. 법률 시행까지 아직 2년이 남았고, 또 실제로 개정 법률을 시행해 봐야 알 수 있겠지만, 매년 1~2만 명 정도는 줄일 수 있지 않을까 기대하고 있습니다. 다만 2년의 유예 기간을 둔 뒤 시행하기로 하여 장발장은행은 앞으로도 2년 동안은 문을 닫을 수 없게 되었습니다. 이 2년 동안 숙제로 남겨진 일수벌금제와 사회봉사명령제 도입을 위해 노력해야 할 것입니다.

장발장의 은촛대

제가 언론사 기자들에게 자주 들었던 질문의 하나가, 대출받은 사람들이 상환은 잘 하는지, 상환율은 얼마나 되는지에 대한 것입니다. 그때마다 "기대했던 것에서 크게 벗어나지 않습니다." 라고 답변하곤 하는데, 간혹 "워낙 열악한 형편에 있는 분들이어서……"라고 덧붙이기도 합니다. 그들에게 대출금을 상환할 돈이 생겨도 그 돈으로 다른 데 쓸 일이 워낙 많다는 것을 대출 심사 과정을 통하여 잘 알고 있기 때문입니다. 하지만 이런 생각이 들기도 합니다. 한 번 불친절을 겪어도 사회로부터 버림받았다는 느낌을 갖는 게 인간이라고 했는데, 국가와 사회로부터 징벌과 냉대를 받을 뿐인 동시대인에게 시민 연대의 힘으로 따뜻한 손길을 한 번 내밀 수 있었다면 그것만으로도 대출금은 이미 상환되고 남았다고 해야 하지 않을까, 라는 생각 말입니다. 왜 우리가 은행 이름을 '장발장'이라고 정했는지, 소설 『레미제라블』에서 장발장을 새 사람으로 거듭나게 했던 것은 무엇이었는지, 모든 것은 바로 그 생각과 물음에서 비롯되었습니다. 제가 대출자들에게는 "대출금을 상환해 주셔야 다른 분들에게도 대출해 줄 수 있습니다."라고 말하면서도 속마음으로는 "대출금은 이미 상환되고 남았다."라고 생각하게 된 것까지 말입니다. 소설 『레미제라블』을 읽은 독자라면 벌써 잘 알고 있을 것입니다. 은식기를 훔쳐 도망쳤던 장발장에게 은촛대까지 쥐어 주면서 "당신의 영혼을 사겠소."라고 미리엘 주교는 말합니다. 소설 중 감동적인 부분의 하나이지요.

장발장은 19년 동안의 강제노역형을 마치고 다시 세상에 나옵니다. 그러나 그를 따뜻하게 맞아주는 곳은 아무 데도 없었습니다. 해가 저물도록 그는 곳곳에서 문전박대를 당했습니다. 그는 어느 집 앞에서 지친 몸을 눕힙니다. 그 집은 은퇴한 미리엘 주교의 소박한 거처였지요. 그를 발견한 주교는 그를 집 안으로 안내하고 먹을 것과 침대를 내줍니다. 이튿날 아침, 은식기를 도둑맞았다고 외치는 집안사람에게 "우리가 그 은식기의 주인인가요?"라고 묻고, "나는 그 은식기를 오랫동안 잘못 갖고 있었습니다. 그것은 가난한 사람의 것입니다. 그 남자는 어떤 사람이었습

장발장은 19년 동안의 강제노역형을 마치고
다시 세상에 나옵니다.
그러나 그를 따뜻하게 맞아주는 곳은
아무 데도 없었습니다.

니까? 가난한 사람이었던 게 분명하지요!"라고 말합니다. 잠시 뒤 장발장의 덜미를 잡은 경찰 세 명이 문을 두드립니다. 주교는 장발장에게 다가가 이렇게 말합니다. "아, 당신! 당신을 다시 보게 되어 다행입니다. 제가 당신에게 촛대도 주었잖소? 은으로 된 것이어서 2백 프랑은 족히 받을 수 있을 거요. 왜 은식기랑 같이 가져가지 않았소?" 경찰을 먼저 내보내고 난 뒤, 미리엘 주교는 장발장에게 작은 목소리로 말합니다. "잊지 마시오. 이 은을 정직한 사람이 되기 위해 사용하겠다고 내게 약속했던 것을 결코 잊지 마시오." 장발장은 아무 약속도 한 적이 없었으므로 더욱 당황합니다. 주교는 다시 이렇게 말합니다. "장발장, 나의 형제여. 당신은 이제 더 이상 악에 속하지 않고 선에 속합니다. 당신의 영혼을 사겠소. 나는 당신의 영혼에서 어두운 생각과 타락한 정신을 드러내고 하느님께 바치오."

그 은촛대였습니다. 장발장이 마지막 숨을 거둘 때 그를 지켜본 것도, 장발장을 마지막 날까지 지켜 준 것도 바로 그 은촛대였습니다. 장발장은행이 대출해 준 백 사람 중 단 한 사람에게라도 '장발장의 은촛대'가 되어줄 수 있다면 설령 99명이 상환을 하지 않아도 괜찮다는 생각을 하게 된 배경입니다. 물론 시민의 성금으로 운영되는 장발장은행을 미리엘 주교의 은촛대와 동열에 놓고 말할 수 없다는 점을 잘 알지만 말입니다.

사적 나눔과 공적 분배

저는 이 글을 읽는 분이 "가난은 나라도 못 구한다."는 통념에서 벗어나기를 바랍니다. 가난을 구할 의지가 없는 위정자들이 자신을 합리화하려는 언설이라고 응수할 수 있기를 바랍니다.

정치는 본디 고귀한 것입니다. '보이지 않는 사회적 연대의 실현'이 정치의 기본 소명이기 때문입니다. 올바른 정치는 무엇보다도 가난한 국민이 겪는 고통과 불행을 덜어주어야 합니다. 19세기에는 여유 있는 사람들이 사적인 나눔과 온정으로 가난한 사람을 도와주었다면, 20세기에는 공적인 분배를 통한 복지제도를 갖게 되었습니다. 나눔과 온정은 베푸는 사람과 받는 사람이 사적으로 만나기 때문에 오만함과 자존감 훼손이 교차될 가능성이 큽니다. 『주홍글씨』를 쓴 미국 작가 나다니엘 호손이 "선행과 오만은 쌍생아다."라고 말한 이유일 것입니다.

우리에게도 잘 알려진 빌 게이츠나 워렌 버핏 같은 미국의 거부들은 재산의 상당 부분을 사회에 기부하고 부자 감세에 반대하는 등의 실천으로 존경받는 인물들입니다. 자식에게 재산을 물려주기 위해 온갖 탈법과 불법을 저지르는 우리나라 재벌들에 비한다면 그들은 적어도 '부자의 품격', 즉 '노블레스 오블리주'의 정신이 있다고 말할 수 있습니다. 그런데 독일의 거부인 페터 크

래머라는 사람은 〈슈피겔〉지에 미국 부자들의 개인적인 기부 운동을 비판하는 글을 실은 적이 있습니다. 비판의 요지는 미국처럼 기부액의 대부분을 세금공제해 줄 경우 세금을 내기보다는 기부를 할 것인데, 그렇게 되면 정부가 아닌 소수의 부자들이 기부금을 어디에 쓸 것인지 결정하게 된다는 것입니다. 유럽에서는 공적 분배의 제도화가 이루어진 것에 비해 미국은 아직 사적 기부(나눔)의 수준에 머물고 있다고 할 수 있습니다. 그렇다면, 한국은 어떤가요? 경제민주화와 복지 공약을 내던지고 "경제가 불쌍하다"고 말하는 '기업하기 좋은 나라'의 대통령이 그렇듯이, 국회의원을 비롯한 대부분의 정치인들과 언론인들도 가난한 사회구성원들의 고통과 불행은 보려고 하지 않습니다. 이를테면, 21세기 한국 땅의 장발장들은 19세기 유럽의 사적인 온정과 선행에서도, 20세기의 공적인 복지에서도 먼 존재들인 것입니다.

나눔과 분배라는 두 말의 뜻은 비슷한데 오늘의 한국 사회에서 이 두 말은 비슷하기는커녕 적대적이기까지 합니다. 왜 그럴까요? 한국 사회에서 나눔의 반대는 '독차지'인데, 분배의 반대는 '성장'이기 때문입니다. 한국 사회를 지배하는 성장주의는 분배를 외면케 하거나 적대시하게 만든 주된 요인입니다. 나눔은 분명 좋은 말입니다. 이 말에는 굶주린 자에게 던져주는 동냥의 의미를 넘어서는 점이 분명히 있습니다. 하지만 한국 사회에서 나눔은 특히 '공적 분배의 제도화'를 차단하거나 봉쇄하려는 목적으로 주장될 수 있다는 점을 유의해야 합니다. 이를테면, 한국의 '조중동' 같은 부자 신문들도 때만 되면 '나눔 캠페인'을 벌입니다. 그렇지만 분배 문제에 대해선 눈에 쌍심지를 돋우며 반대로 일관합니다. 이것은 무엇을 의미할까요?

"가난한 사람들을 도와야 한다고 말했을 때 사람들은 나를 성자라고 불렀습니다. 그러나 가난을 만드는 구조를 바꿔야 한다고 말하자 사람들은 나를 빨갱이라고 불렀습니다."

이 말은 돔 헬더 까마라 대주교가 한 것입니다. 브라질의 빈민 지역에서 활동한 뒤 생을 마감한 까마라 대주교는 활동 초기에 부자들에게 가난한 이들을 위한 구제 활동에 참여해 줄 것을 호소했습니다. 그러나 그가 부자들의 기부에 의한 사회복지사업으로는 가난이 해결되지 않는다는 것을 알게 되는 데는 그리 오랜 시간이 걸리지 않았습니다. 그는 '공적 분배의 제도화' 없는 개인적 선행은 한계가 있거나 부정의를 가리는 알리바이로 작용할 수 있다는 점을 지적했습니다.

나눔이 그저 개인적인 시혜, 온정, 베풂이라는 사적 영역 안에 머물 때, 그것은 나눔의 대상이 지닌 인간적 자존감을 해칠 수 있다는 사실을 생각해 보았는지요? 그것은 인간에 대한 '존중'과 관련되어 있습니다. 동정과 존중은 다릅니다. 동정은 가난한

돔 헬더 까마라 대주교

"가난한 사람들을 도와야 한다고 말했을 때
사람들은 나를 성자라고 불렀습니다.,

그러나 가난을 만드는
구조를 바꿔야 한다고 말하자
사람들은 나를 빨갱이라고 불렀습니다."

사람들을 일시적으로 구제할 수 있지만 진정한 의미에서의 수평적인 사회적 연대를 만들어 낼 수 없습니다.『레미제라블』의 작가 빅토르 위고는 일찍이 "왜 사람들은 온정이나 시혜에 관해서 생각할 때 모두 받는 쪽이 아닌 주는 쪽에 서 있을까?"라는 물음을 던졌습니다. 개인적 선행의 한계는 가난한 사람들로 하여금 자긍심을 갖게 하지 못한다는 데 있습니다. 스스로 자신을 형성할 수 없고 동정에 의존해 살아가야 하는 사람에게 동정은 자긍심이 아니라 부끄러움을 남깁니다. 그래서 까마라 주교는 청소부에게 정말 부끄럽게 여겨야 하는 것은 일하느라 거칠어지고 더러워진 손이 아니라, 사람들을 자기중심적인 태도에 머물게 하는 사회구조라고 말했던 것입니다.

인간의 존엄성

제가 한국 사회를 바라볼 때 가장 중요하게 보는 것은 인간의 존엄성과 행복 추구권입니다. 한국 사회 구성원은 인간으로서, 사회적 존재로서 존엄함을 누리고 있는가? 라는 물음입니다. 우리는 바로 지금 이 시각에도 우리 주위에 인간의 존엄성을 누리지 못하는 장발장들이 존재한다는 사실을 알고 있습니다. 몸이 아파도 병원에 가지 못하고 누추한 집에 누워 있는 사람들, 절대적 빈곤에 처한 사람들, 노숙인을 비롯해 주거 조건이 열악한 사람들이 바로 그런 사람들입니다. 그들도 인간으로서 존엄하게 태어난 존재인데 그 몸이 존엄하지 못한 자리에 처해 있기 때문에 고통과 불행을 느낍니다.

그런데 문제는 그들에게만 국한되는 게 아닙니다. 사람은 미래의 자기 모습을 전망하게 마련인데, 자신의 미래를 설계하기 어려울 때 불안에 빠집니다. 이 불안이 오늘의 젊은이들에게 한국을 '헬조선'이라고 말하게 만든 배경이라고 해도 틀리지 않을 것입니다. 한국은 복지체제가 아직 낮은 단계에 머물러 있습니다. 그래서 지금 이 순간은 인간의 존엄성이 훼손되지 않은 상태에 있다손 쳐도, 앞으로 나와 내 가족이 인간의 존엄성을 보장받지 못하는 처지로 추락할지 모르기 때문에 항상 불안을 느끼게 됩니다. 특히 IMF 경제 환란을 겪으면서 나와 내 가족의 처지가 인간의 존엄성을 보장받지 못하게 되어도 국가나 사회를 비롯해 그 누구도 나를 도와주지 않는다는 불안이 학습되었습니다. 그 뒤 20년 가까운 세월이 지났지만, 괜찮은 일자리는커녕 일자리 자체를 찾기 어려워지면서 불안은 가중되어 경쟁을 부추기고 경쟁은 다시 불안을 가중시키는 악순환이 되풀이되고 있습니다. 이것이 오늘 우리 사회의 자화상입니다. 이 점은 이 글을 읽는

물질적 소유가 강조되는 사회에서
각 개인은 소유욕의 포로가 되면서
자본 앞에서 자발적 복종이나 굴종을 하게 됩니다.
인간 스스로 인간의 길이 아닌
자본과 권력에 굴종하는 모습을 보여주는 것입니다.

분도 공감할 것입니다.

불안은 인간의 영혼을 잠식합니다. 저마다 어떤 존재가 될 것인지 고민하는 것이 아니라, 불안 때문에 그런 생각 자체를 하지 못하게 됩니다. 그래서 한국 사회는 전인적 인간을 지향하는 것이 아니라, 미래의 불안 때문에 경제적 존재로만 머물게 합니다. 이런 사회의 지배적인 가치관은 "부자 되세요."나 "당신이 사는 곳이 당신이 누구인지 말해 줍니다." 등으로 표현되지요. 온통 소유에만 관심이 있고, 그 소유물이 무엇이며 얼마나 되는지가 그 사람의 가치를 규정하는 사회입니다. 그래서 더 많이 소유하기 위해서는 어떤 수단과 방법이든 가리지 않습니다. 이처럼 물질적 소유가 강조되는 사회에서 각 개인은 소유욕의 포로가 되면서 자본 앞에서 자발적 복종이나 굴종을 하게 됩니다. 인간 스스로 인간의 길이 아닌 자본과 권력에 굴종하는 모습을 보여주는 것입니다.

그런 사회의 구성원들은 결코 '오늘'을 누리지 못합니다. 미래에 대한 불안 때문에 오늘을 향유하지 못하는 것입니다. 러시아의 문호 톨스토이가 말년에 "당신에게 가장 소중한 시간은 언제냐?"고 묻고 "바로 지금이다!"라고 누구나 알고 있는 대답을 했는데, 우리는 불안 때문에 그렇게 소중한 '바로 지금'을 끊임없이 빼앗기고 있습니다. 여러분이 처한 현실이 바로 그렇지 않나요?

미래에 대한 불안 때문에 소중한 '지금'을 끊임없이 저당 잡힌 세월을 보내고 있습니다.

결국, 인간성을 훼손하는 불안의 문제를 극복하기 위해서도 공적 분배를 통한 보편복지의 확충은 반드시 필요한 것입니다. 모든 사회 구성원들에게 인간의 존엄성을 지킬 수 있도록 해 주는 사회, 그렇게 더불어 사는 사회, 사회적 연대가 살아있는 사회, 모두가 소박하게 살지언정 최소한의 인간 존엄성만큼은 지켜 주는 사회로 가야만 합니다. 이렇게 될 때 자기 자신의 존재를 가꿀 수 있는 여지가 생깁니다. 그런데 복지제도를 확충해야 한다는 목소리가 커지는 게 두려운지 기득권 세력을 중심으로 '복지망국'이라고 떠들어 댑니다. 그들은 한국이 자살률도 OECD 국가들 중 1위이며 노인빈곤율도 OECD 1위라는 점은 외면합니다. 그런가 하면, "똑똑한 한 사람이 아흔아홉 사람을 먹여 살린다"는 주장도 심심치 않게 유포합니다. 만약 똑똑한 한 사람이 아흔아홉 사람을 먹여 살리지 않겠다고 하면 어떻게 해야 하나요? 또 설령 똑똑한 한 사람이 아흔아홉 사람을 먹여 살린다고 할지라도 과연 우리는 그런 사회를 지향해야 할까요?

'국민소득 3만 불'이 멀지 않다고 자랑하는 소리가 들립니다. 그렇다면, 국민 모두에게 '레미제라블'의 삶이 아닌 존엄한 삶을 가능하게 해 줄 부는 이미 한국 사회 안에 충분히 있다는 것이기도 합니다. 우리에게 부족한 것은 돈이 아니라 모든 이웃들에게 존엄한 삶을 보장해 줄 수 있는 연대의 정신과 성숙한 정치일 뿐입니다. 장발장은행은 그런 사회를 향한 작은 씨앗이며 출발점입니다. 빨리 문을 닫는 게 장발장은행의 궁극적 목적인데, 그러기 위해서는 우리 사회의 장발장들이 점차 줄어들고 마침내 없어져야겠지요. 이 땅에서 '가난의 상태'가 지속되지 않도록 해야 한다는 뜻입니다. 우리가 바라는 사회는 남이 대신 만들어 주지 않습니다. 시민 각자의 적극적인 연대 활동과 올바른 정치 참여만이 그 길을 열어 줄 것입니다.

04

우리는 계란이 아니야,
저들도 바위가 아니야

비싼 전쟁 말고 싼 평화를!

고은광순

서울에서 태어나 자랐습니다. 대학에서 사회학을 전공했으나 군사 정권을 겪는 동안
두 차례 제적되어 졸업하지 못하고 뒤늦게 한의학을 공부하여 한의사가 되었습니다.
한의원을 차린 이후 아들 낳는 약 처방에 목매는 사람들을 보며 여아낙태, 여성차별
의 원인이 되는 호주제를 폐지시키기 위해 큰 힘을 쏟았습니다. 2008년부터는 명상
공부를 시작했고, 동학 혁명의 본거지였던 충북 옥천군 청산면으로 우연히 가게 된 뒤
부터 동학의 역사에 눈을 뜨고 『해월의 딸 용담할매』 등 여성 동학 다큐 소설 13권을
발간하기에 이르렀습니다. 그러는 과정에서 '무기 없는 세상'을 꿈꾸며 '평화어머니회'
를 만들고 1인 시위를 비롯한 평화운동에 나서고 있습니다.

나는 1955년 서울 종로구 명륜동에서 6남매 중 다섯 번째, 막
내딸로 태어났습니다. 1950년부터 남북 사이에 3년 동안 전쟁
이 있었고 휴전된 지 2년 뒤였기 때문에 아기들이 많이 태어나
기 시작했지요. 그때부터 가난한 나라에 어찌나 아기들이 많이
태어났는지 1963년 산아제한이 시작되었는데, 그 사이에 태어난
사람들을 '베이비 부머(Baby Boomer)'라고 한답니다. 나는 혜화국
민(초등)학교를 다녔는데 한 반에 100명이 넘었고요. 그것도 교실
이 모자라서 오전반, 오후반으로 나누어 다녔지요. 3학년 때 결
석을 하고 다음 날 선생님한테 결석계를 가져갔더니 "어제 결석
했었냐?"고 물으시더군요.

학교도 복잡했지만 아이들 여섯을 길러내느라 우리 부모님도
많이 힘드셨을 겁니다. 구구단도 안 외우고 건성건성 학교에 다
니다가 어머니한테 회초리 맞고 무릎 꿇은 채 몇 시간 만에 외운
기억이 납니다. 4학년 때부터 도시락을 싸 가지고 다녔는데, 나
중에 계산해 보니 고등학교 졸업할 때까지 자식 여섯을 위해 어

우리는 계란이 아니야, 저들도 바위가 아니야

머니가 싸 주신 도시락이 만 개가 넘더라고요.

자라면서 둥그렇게 모여앉아 먹는 저녁식사 시간에 뭔가 옳지 않은 일이 벌어지고 있다는 생각이 스멀스멀 생기기 시작했습니다. 오빠는 김치를 먹지 않았습니다. 달걀프라이, 김, 멸치볶음, 동태찌개의 알, 두부 따위가 오빠 앞에 놓였고, 우리 자매들은 손을 대면 안 되었습니다. 우리는 빈 접시에 묻은 달걀노른자의 흔적을 핥아야 했지요. (훗날 중년이 되어 미국에 가서 문화인류학 수업을 듣는데, 그때 오빠가 먹던 반찬을 책에서 이렇게 한 마디로 표현했더군요. 'HIGH PROTEIN(고단백)'이라고요. 후진국 아들 선호 문화의 공통된 세 가지 특징이 아들에게 고단백 음식, 의료, 교육의 차별적 혜택을 준다는 것이었습니다. 동전의 양면처럼 딸 차별, 여성 차별이 뒤따르게 되지요.)

혼자 고단백 음식을 먹는 것을 당연하다고 생각하며 자란 우리 오빠처럼, 남성 우월에 길들여진 사람들은 '찌질한' 차별주의자로 성장하게 됩니다. 반대로 위인전, 문학 작품, 잡지 등 닥치는 대로 책을 읽었던 나는 오빠 덕분에 슬슬 차별에 예민하고 불합리와 부정의에 예민한 젊은이로 성장했습니다. ('오냐자식 호로자식'이라는 말이 있다더니, 후에 어머니가 치매에 걸리자 오빠는 어머니를 견디지 못했고 막내딸인 내가 어머니를 모시다가 보내 드렸습니다. 그 시간은 정말 소중하고 귀한 시간들이었습니다. 어머니가 떠나실 때 감사하다고, 이만하면 잘 사신 셈이라고 박수를 쳐 드렸지요.)

민주주의의 숨통

내가 초등학교에 입학했던 1961년, 박정희 소장은 쿠데타를 일으켜 대통령이 되더니 1967년 중학생이 되었을 때도, 1970년 고등학생이 되었을 때도, 1973년 대학생이 되었을 때도 대통령 자리에 앉아 있었습니다. 헌법을 고치고, 위수령, 계엄령, 긴급조치 등 재임 18년 동안 절반 가까운 시간을 탱크와 총을 든 군인을 앞세워 독재를 했지요.

어려서야 몰랐지만, 대학생이 되고 나서 나는 그가 일본에 충성을 다하겠다는 맹세를 하고 만주에 가서 독립군을 잡으러 다녔다는 사실을 알게 되었습니다. 살기 위해서 좌파가 되었다가 다시 출세를 위해 우파가 되었던 사람이 쿠데타를 일으켰던 것인데, 1972년 박정희는 죽을 때까지 대통령을 하려고 유신헌법을 만들고, 유신헌법에 대해서는 일체 비판을 금지하는 긴급조치를 1975년에 발동했습니다. 국민들 중에 아주 용감하고 정의로운 사람들은 그것에 저항하다가 학교나 직장에서 쫓겨나 감옥에 가거나 때로는 간첩으로 몰려 처형을 당하기도 했지요. 미행, 도청, 자택 연금, 암살 시도 등 민주주의 사회에서는 상상도할 수 없는 일들이 벌어졌습니다. 독재가 오래 계속되니 아부하는 사람들도 많아졌는데, 대통령이 시찰 나가는 길에 급히 가로

우리는 계란이 아니야, 저들도 바위가 아니야

수를 심느라 뿌리도 없는 밑동을 잘라다 세워 놓기도 하고, 도로에서 보이는 쪽의 지붕에만 급히 페인트를 칠하는 우스꽝스러운 일이 숱하게 일어났습니다. 20세기 초반에 일본 식민지가 오래 가리라 믿고 친일했던 사람들이나 20세기 후반에 군부 독재가 오래 가리라 믿고 아부했던 사람들이나 모두 비굴하고 탐욕스런 사람들인데, 그런 사람들 때문에 우리의 민주주의 역사는 후퇴하고 경제도 빈익빈 부익부로 빈부 차이가 심한 허약한 경제 구조를 갖게 되어 버렸지요.

선진국에서는 빈부 차이를 없애려고 좌우를 따지지 않고 노력하지만, 한국에서는 진보적 주장을 하면 '좌파'라며 눈을 부라립니다. '빨갱이'로 낙인찍는 것은 한반도 남쪽에서는 치명적인 무기가 되어 버렸습니다. 새는 양쪽의 날개(翼 익)로 날지만, 남쪽에서는 오로지 우익(右翼)만이 허용되고 북쪽에서는 오로지 좌익(左翼)만이 허용되는 세상이 되었지요. 분단이 양쪽을 다 장애를 가진 괴물로 만들어 버리고 말았습니다.

나는 대통령 한 사람의 영구 집권은 옳지 않다고 생각했고 아주 작은 일에 관여되었지만, 그 때문에 사회학을 공부하던 대학에서 두 번이나 쫓겨나고 두 번 구속이 되어 재판을 받았습니다. 경찰 조사 중에는 물고문도 당했는데, 경찰서장은 "죽으면 38선 넘다가 죽었다고 하면 그만이다."라며 고문 형사들을 격려했습

1972년 박정희는 죽을 때까지 대통령을 하려고
유신헌법을 만들고, 유신헌법에 대해서는
일체 비판을 금지하는 긴급조치를 1975년에 발동했습니다.

5·16쿠테타 성공 직후 장도영 육군참모총장과 박정희 소장

니다. 분단이 독재자들의 만행을 감추는 좋은 구실이 되고 있었던 것이지요. 박정희 군사 독재 정부는 나와 같은 사람들을 '요시찰 인물'로 지목하고 여권도 내어 주지 않았습니다. 이사를 하거나 결혼을 하면 정보과 형사들이 그 뒤를 캐고 다녔지요. 박정희가 부하에게 암살당하고 나서 벅찬 기쁨을 누린 것도 잠시, 연이어 전두환의 쿠데타와 노태우의 군부 지배가 이어진 뒤 1993년 김영삼, 1998년 김대중, 2003년 노무현 대통령 때가 되어서야 비로소 민주주의의 숨통이 트이는 진전이 있었습니다.

남자만 '씨'를 가지고 있을까?

요통으로 침을 맞으며 침의 효과에 매료되어 1984년 한의대에 입학했습니다. 졸업 후에 한의원을 차린 뒤 여전히 많은 사람들이 '아들 밝힘증'에 휘둘리며 아들 낳는 한약 처방에 매달린다는 것을 알게 되었습니다. 태아의 성 감별이 가능한 초음파 기계가 수입된 1980년대 중반부터 사람들은 여태아를 골라서 낙태를 했습니다. 자연스러운 남아 대 여아의 출생 성비는 106 : 100이고 남아 사망률이 높아 7세가 되면 100 : 100이 되는 것이 정상인데, 초음파 기계 수입 이후 출생 성비는 115, 116을 넘기기도 했고 대구 부산의 세 번째 아기 출생 성비는 300 : 100이 되기도 했지요. 출생 성비를 역으로 계산하니 1985년부터 2000년까지 15년 동안 약 90만 명의 여태아가 감별 뒤 살해된 것이 확인되더군요. 연평균 6만 명가량의 여태아가 부모에 의해 살해된 것입니다. 그들이 성인이 되니 신붓감을 구하지 못했고 베트남, 필리핀 등에서 많은 여성들이 결혼 이주를 해왔습니다. 한국 사회가 남자만 씨를 가지고 있다는 무지에 휘둘리고 있기 때문에 벌어진 잔인하고도 어리석은 일이지요.

그래서, 남자만 씨를 가지고 있다는 무지를 깨고 한줄기 혈통은 존재하지 않는다는 상식이 자리 잡을 수 있도록 1997년부터 부모 성 함께 쓰기 운동과 호주제 폐지 운동을 했습니다. 호주제는 일본이 식민지 시대에 이식한 것인데, 호주 사망 뒤 승계 1순위가 아들이었습니다. 딸만 있을 경우, 바람을 피워 낳아 아내 동의 없이 입적시킨 아들이 호주가 되었지요. 딸은 결혼하면 부모 호적을 떠나 시아버지나 남편이 중심이 되는 호적에 입적되어 아들을 낳아 대를 잇는 도구처럼 취급당했습니다. 그러니 아이를 적게 낳는 세상이 되자 딸 태아를 감별 뒤에 낙태하게 된 것이지요. 부모가 이혼을 하면 어머니와 함께 살아도 어머니와는 주민등록상 동거인으로 기록이 될 뿐 아버지의 호적에 남아 있었지요. 무식이 기초가 된 잘못된 법 때문에 딸 차별, 여성 차별이 생긴다고 보고 호주를 중심으로 신분 등록을 하는 호주제를 개인을 중심으로 하는 신분등록제로 바꾸는 운동을 시작한 것입니다. 양성평등 운동을 반대하며 분노하는 남성들이 "이 앉아서 오줌 싸는 빨갱이 년들아!"라고 욕하는 것을 보면서 차별을 당연하게 여기는 부계 혈통 중심의 분단 사회에서 사람들이 얼마나 많이 망가지고 있는지 피부로 절실하게 느꼈습니다. 어떤 사람들은 호주제 폐지 운동이 계란으로 바위치기라며 불가능한 일이라고 했습니다. 그러나 끈질긴 노력으로 호주제는 2005년 헌법재판소의 헌법불합치 판결에 따라 100년 만에 역사의 뒤안길로 사라졌지요.

부계 혈통제의 문제를 파고들다가 김, 이, 박 세 가지 성씨가 한국에 45%나 되는 것에 주목했습니다. 그리고 극심한 성 쏠림 현상은 일제 강점기에 대부분 족보를 가짜로 만들어 성을 만들고 바꾸면서 생겼다는 것을 알게 되었지요. 왜 대다수의 국민이 가짜로 족보를 만들고 김, 이, 박의 성씨를 택하며 '양반 흉내 놀이'를 시작했을까? 나는 그 답이 일제 강점 직전의 동학 운동의 절멸에 있다는 것을 알게 되었습니다. 겁 많고 비굴한 대중이 '양반 흉내 놀이'를 선택하기 전에 상남자와 상여자들의 동학이 있었습니다. 동학을 더 공부해 보고 싶은 생각이 일었지요.

상남자와 상여자들의 동학

   한의사가 되어서도 약사법 개정 문제나 호주제 폐지 문제 등으로 새벽부터 밤중까지 늘 바쁘게 사는 저에게 어느 날 어머니가 절에 같이 가자고 간곡히 말씀하셨습니다. 어마어마하게 큰 법당에서 어머니 뒤쪽에 앉아 어머니가 하라는 대로 부처님께 절을 하는데 갑자기 까닭모를 눈물이 하염없이 흘러내렸습니다. 도무지 나 스스로도 알 수가 없었습니다. 나중에서야 부처님의 미소와 어머니의 간절한 마음이 나의 깊은 곳에 있는 평화를 갈구하는 마음을 건드렸기 때문이라고 생각했지요. 인연이 닿아 쉰 살이 넘어 명상 공부를 시작하게 되었는데, 스승님은 내가 정말 듣고 싶었던 아름다운 이야기들을 해 주셨습니다. 스승에게서 배운 대로 감사와 축복, 사랑을 생각하며 명상했습니다.

나는 애초에 푸른 하늘이니 언제 어디서나 끄떡없습니다.
무한 자유, 무한 평화, 무한 사랑…… 푸른 하늘의 속성이고
이미 내 안에 다 있는 것입니다.
가장 큰 고통을 겪은 사람이 일어나 가장 빛나는
축복의 삶을 살 수 있습니다.
나는 빛나는 생명력과 빛나는 영혼으로 이루어진

가장 고귀하고 훌륭한 존재입니다.

우리 몸은 우주에서 전해지는 지혜의 빛, 사랑의 빛,

생명의 빛을 전하는 소중한 통로입니다.

내 안에, 모든 존재 안에 아기부처 아기예수

아기천사가 있으니 그것이 커지기를 빕니다.

뜻이 높아지고 뜻이 아름다워지면

우리 바깥 모습도 아름다워집니다.

나는 태산입니다. 내 마음이 한없이 커지면

어떤 상처도 나를 아프게 할 수 없습니다.

명상을 하면 태산처럼 휘둘리지 않는 내공이 생긴다고 합니다. 스승은 세상을 바꾸기 위해 애쓰기보다 나를 먼저 바꾸고, 그런 사람이 많아지면 좋은 세상이 더 빨리 오게 된다고 하셨습니다. 스승은 외할아버지가 동학의 접주였고, 그러다 보니 스승이 말씀해 주신 많은 내용이 동학과 일치한다는 것을 나중에 알게 되었습니다.

그런데 명상 공동체 마을을 만들기 위해 50년 넘게 살던 서울을 떠나 귀촌한 충청북도 옥천의 청산이 바로 갑오년(1894) 동학혁명의 본부가 있던 곳이었습니다. 동학 2대 교주 최시형의 딸 최윤은 갑오년 당시 열일곱 살이었습니다. 청산의 감옥에 갇혀 있다가 옥졸한테 어거지로 시집을 가게 되었는데 그 사이에 정순철이 태어났습니다. 최시형의 외손주인 정순철은 1901년 청산에서 태어났고, 누구나 잘 아는 짝짜꿍 노래와 졸업식 노래 등을 작곡했습니다. 방정환과 함께 실과 바늘처럼 다니며 어린이날을 만들었고, 어린이 운동을 통해 일제 강점에 저항했습니다. 나는 그런 사실들에 놀랐고, 왜 그를 국민이 몰랐을까 의아했습니다. 그가 1950년 월북하다가 사망했기 때문에 금기 인물이었다가 1988년에야 시인 정지용 등과 함께 해금되었다는 사실을 뒤늦게 알게 되었지요. 어렸을 때는 집안 어른들이 쉬쉬했지만, 분단을 전후해서 글 깨나 쓰고 말 깨나 한다는 지식인들이 왜 그토록 많이들 북으로 넘어갔는지 궁금하기도 했습니다. 글을 써 보아야겠다고 생각했지요. 그래서 동학의 대가라고 알려진 원광대학의 박맹수 교수님을 찾아갔습니다. 그분은 전폭적인 지원을 약속했는데, 청산뿐 아니라 전국에 동학과 관련한 이야기들이 많다고 했습니다. 학계에서 아직 인정하지 않고 있는, 일본에서 찾아낸 문헌들도 넘겨주겠다고 했습니다. 발굴된 사료들을 여성의 시각으로 충분히 녹여 다큐 소설 형식으로 쓰면 의미 있으리라 생각하고, 모두 14명의 여성들과 더불어 뜻을 모았습니다.

동학 다큐 소설을 쓰기 위해 우리는 치열하게 공부했습니다. 알고 보니 동학은 '전라도, 전봉준, 죽창'으로 대변되는 폭력 혁

동학도들은 내 안에 하늘이 있으며
모든 사람, 모든 존재가 하늘을 품은
귀한 존재라는 것을 깨닫고
차별 없는 세상을 만들고자 했습니다.

동학 2대 교주, 해월 최시형

명이 아니었습니다. 창도자 수운 최제우가 사형 당한 뒤 2대 교주가 된 최시형은 34년을 숨어 다니며 동학을 전파했고, 경상도, 강원도, 충청도, 경기도, 전라도에서 당시 인구의 3분의 1가량이 동학을 하게 되었다고 합니다. 동학도들은 내 안에 하늘이 있으며 모든 사람, 모든 존재가 하늘을 품은 귀한 존재라는 것을 깨닫고 차별 없는 세상을 만들고자 했습니다. 귀한 존재들이 서로 사랑하고 나누며 사는, 평화롭고 아름다운 세상을 꿈꾸었습니다. 그들의 족적을 따라다니며 그들의 생각과 삶이 너무 아름다워서, 안타까워서, 미안해서 울었습니다. 그들의 아픔을 왜 진작 몰랐던가, 그들이 개벽 세상을 꿈꾸며 행했던 일들을 왜 몰랐던가, 그들이 사라져 묻힌 이유를 왜 몰랐던가…… 가슴을 치며 통곡했습니다.

책이 출간되기 전인 2015년 6월 25일, 나는 광화문의 미국 대사관 앞에서 '평화 어머니 1인 시위'를 시작했습니다. 정신대 할머니들을 위한 수요 집회가 1991년부터 지금까지 이어져 오고 있는 것처럼, 우리는 남북이 더 화목해져야 한다는 의지로 일주일에 화, 목요일을 선택해서 1인 시위를 하기로 한 것입니다. 뜻을 같이 하는 십여 명의 평화 어머니들이 '카톡'으로 소통하며 시위하던 중인 8월 12일, 나는 소설을 쓴 '동학 언니들'의 총무인 리산과 함께 백악관이 있는 미국 워싱턴으로 날아갔습니다. 왜

우리는 계란이 아니야, 저들도 바위가 아니야

평화 어머니 시위 장소로 광화문 미국 대사관과 백악관을 택했을까요?

민나 고로시! 모두 다 살육하라!

동학 소설을 쓰면서 알게 된 것이 무엇인지 누가 내게 한 가지만 말하라면, 나는 주저 없이 '무기 때문에 발동한 인간의 탐욕이 지구를 위험하게 한다는 사실'이라고 답하겠습니다. 대나무 죽창이나 관을 습격해서 확보한 사정거리 100미터 내외의 화승총을 동학군이 가지고 있을 때, 일본군은 사정거리 2,000미터의 무라타 소총을 사용했습니다. 일본군이 본토의 대본영에서 내린 '민나 고로시!(모두 다 살육하라!)'라는 명령을 받고 동학군을 죽일 때, 고종의 총애를 받던 충청감사 박제순은 "믿을 것은 일본군뿐이다."라고 했지요. 동학군이 온 산을 하얗게 뒤덮었어도, 반나절이면 몇십 명의 일본군 토벌대가 부상자 한 명 없이 동학군을 모두 제압해 버릴 수 있었습니다. 그렇게 갑오년 늦가을에 뛰어든 일본군은 조선 왕의 비호 아래 두 달 사이에 3만~5만 명의 동학군을 죽이고 내쳐 한반도를 식민지로 삼았습니다.

1905년, 일본 총리 가쓰라와 루스벨트 대통령이 보낸 태프트는 비밀 조약을 맺어 미국은 필리핀을, 일본은 조선을 장악하기로 했습니다. 그리고 100일 뒤 조선의 외교권을 빼앗는 을사늑약을 억지로 맺었지요. 당시 루스벨트는 7억 엔(14조)이라는 어마어마한 돈을 일본에 후원금으로 지원했다고 미국의 여성 사학자 '카메룬 쇼'가 책에서 밝히고 있습니다. 일본은 1945년 패망할 때까지 동아시아 20여 개 나라를 식민지로 만들고 2천만 명의 인명을 살해했습니다.

패전 이후 일본은 점령군 맥아더의 감독 하에 다시는 전쟁에 참여하지 못한다는 '평화헌법'을 만들었지만, 맥아더는 1급 전쟁범죄자인 일본 왕을 처벌하지 않았습니다. 미국의 기자인 스털링 시그레이브 부부는 오랫동안 취재해서 밝혀 낸 사실을 『야마시타 골드』라는 제목의 책으로 펴냈습니다. 히로히토 일왕의 동생과 고모부, 왕자 등은 아시아 전역에서 약탈한 엄청난 금과 보물을 일본으로 빼돌리거나 필리핀 어디에 감춰 두었다고 합니다. 전쟁이 끝나고 그중 막대한 돈이 미국으로 흘러 들어가 비밀 정치 자금으로 사용되었으며, 그 돈의 일부를 일본의 수상들이 관리했다고 하지요. 미국이 종전 후에도 일왕을 살려주고, 전범 처리나 배상 처리를 독일과는 비교도 되지 않게 낮은 수준으로 마무리해 버린 이유입니다.

우리는 계란이 아니야, 저들도 바위가 아니야

소련 놈에 속지 말고 미국 놈 믿지 마라, 일본 놈 일어선다!

해방이 되고 나서 사람들 사이에서는 '소련 놈에 속지 말고 미국 놈 믿지 마라, 일본 놈 일어선다.'는 말이 떠돌아다녔습니다. 약소국이 주변의 강대국 때문에 겪게 될 일을 걱정한 것인데, 요즘의 주변 상황을 보면 그런 걱정이 틀리지 않다는 생각이 듭니다. 일본은 자위대를 만들어 살금살금 군비를 강화하다가 얼마 전에는 급기야 미국과 손잡고 자위대를 어디든지 파견할 수 있게 법을 손질했습니다. 한국에 있는 일본인을 보호하기 위해서라면 언제 어디든지 한반도로 뛰어들 수 있다는 일본의 어처구니없는 주장에 한국 정부는 끌려 다니고 있지요. 최근에는 한일 간의 군사회의를 비밀에 붙이더니, 먼 바다에서 비밀리에 군사 훈련도 함께 한 것이 밝혀졌습니다. 120년 전 동학 혁명이 일어났던 조선 말기의 상황과 완전히 닮은꼴입니다. 그런데, 현재 이러한 상황이 더 심해지도록 돕고 있는 것이 바로 미국입니다.

일본은 1940년대에 만주에서 악명 높은 731부대(마루타부대)를 운영했습니다. 살아있는 사람 수천 명에게 끔찍한 생체 실험과 세균 실험을 했지만, 미국은 정보를 공유하는 대가로 일급 전범인 그들을 단 한 사람도 처벌하지 않았지요. 그리고 일본에

일본은 자위대를 만들어 살금살금
군비를 강화하다가 얼마 전에는 급기야 미국과 손잡고
자위대를 어디든지 파견할 수 있게 법을 손질했습니다.

2013년 10월 27일, 일본 도쿄 아사카 기지에서 열린 일본 육상자위대 열병식 장면. 이 열병식은 3년마다 열린다.
© YMZK-Photo / Shutterstock.com

게 얻은 자료들을 바탕으로 현재 워싱턴 북쪽 메릴랜드 주에 포트 데트릭(Fort Detrick) 미육군의학연구소를 운영하고 있습니다. 1952년에 국제과학조사단의 니덤이 쓴 보고서에는, 미국이 한국 전쟁 당시 북측과 중국에 페스트균, 콜레라균 등 세균을 투하한 사실이 드러나 있습니다. 731부대장이었던 이시이 시로는 한국 전쟁 중 비밀리에 세 번이나 남한에 다녀갔다는군요. 영원한 우방이라는 미국이 세계 어느 곳에서도 하지 않은 실험을 한국 땅에서, 한국 사람들 몰래 해 왔다는 사실이 뒤늦게 밝혀지기도 했습니다. 국제법에도 어긋나는 세균 실험을 경기도 오산에 이어 서울 용산에서도 열다섯 번이나 했다는 것이 추가로 드러났음에도 불구하고, 전시 작전권을 미국에 넘긴 우리 정부는 제대로 대응하지 못하고 있습니다.

2014년 무기 수입 세계 제 1위는 놀랍게도 대한민국이 차지했습니다. 무려 9조 원어치나 무기를 사들였는데, 이 가운데 8조 원어치가 미국으로부터 사들인 것입니다.

비싼 전쟁 말고 싼 평화를!

한국은 현재 휴전 상태입니다. 그래서 미군이 주둔하고 있는 것이지요. 종전 협정, 즉 평화 협정을 맺으면 주둔의 이유가 없어지니까 미국은 평화 협정에 사인을 하지 않고 있습니다. 그리고 한국을 미국의 해외 군사 주둔 기지의 거점으로 만들어 가면서, 이지스함대나 사드와 같이 우리에게 필요치 않고 자기네가 중국과 러시아를 견제하기 위해 필요한 고가 장비들을 우리에게 부담 지우려고 해 왔습니다. 자기들은 원자탄을 터뜨려 항복을 받아 낸 적국 일본과도 동맹을 맺으면서, 1945년 이후 70년 이상 분단해서 살고 있는 한민족은 남북 간에 손도 잡지 못하게 하고 있습니다. 미국은 세계 최강의 군사 대국이 되고 싶은 나머지 한반도의 분단을 구실로 이 땅에 들어와 분단 상황 지속이라는 희생을 계속 강요하고 있는 것입니다. 진정 우방이라면 싸움을 말리고 함께 잘 살도록 긴장과 갈등을 풀어 주어야 할 것입니다. 그런데 오히려 비싼 무기 구입만 강요하면서 긴장과 갈등을 부추기고 있으니, 도대체 한민족을 어떻게 보고 그러는 것일까요?

그래서 나는 지난여름 미국행 비행기를 타고 워싱턴으로 날아갔습니다. 한 달 동안 머물며 시위를 하려면 비용을 아껴야 했으므로, 공원에서 캠핑을 하며 도시락을 싸가지고 다녔지요. 백악관 앞에서 23회, 펜타곤(국방부) 앞에서 12회, 세계 1, 2위를 다투는 무기 회사인 록히드 마틴과 보잉사 앞에서 각각 3회, 8회 피켓을 들었습니다.

우리는 계란이 아니야, 저들도 바위가 아니야

한국은 현재 휴전 상태입니다.
그래서 미군이 주둔하고 있는 것이지요.
종전 협정, 즉 평화 협정을 맺으면 주둔의 이유가 없어지니까
미국은 평화 협정에 사인을 하지 않고 있습니다.

Sign the Peace Treaty Right Now! 평화협정 당장 하라!

Any Soldier is Some Mom's Child! 양쪽 군사 모두 어머니 자식!

70 year division is enough! 70년 분단이면 충분하다!

No Expensive War, Yes Cheaper Peace! 비싼 전쟁 말고 싼 평화를!

Weapons are Like Drugs, Consumption never Ends, Destroying the Earth's Life!

무기는 마약과 같아서 소비는 끝이 안 나고 지구 생명은 파멸되고 만다!

No Anthrax, No THAAD! 탄저균도 사드도 반대!

Demand the U.S. Army Come Home! 미군은 철수하라!

Your Money Comes From Blood! 당신의 돈은 피로부터 나온 것이다!

누가 전쟁을 부추기고 있을까?

미국은 1942년 핵무기를 개발한 뒤 지금까지 수십 개 나라에 핵 위협을 가해 왔습니다. 그 뒤로 미국의 핵 위협을 받았던 소련도, 중국도, 북한도 핵을 개발하게 된 것이지요. 1945년에서 1980년까지 35년 동안 미국이 전 세계에 걸쳐 핵무기를 사용하려고 계획한 것이 총 26회인데, 그중 북한이 목표였던 것이 5회나 된다고 합니다. 북한이 미국의 핵 공격 위협을 가장 많이 받아 왔던 것이지요.

그런가 하면 세계 10대 무기 회사 중 일곱 개가 미국 회사입니다. 무기를 생산하는 군산 복합체는 정부에서 엄청난 이윤을 보장 받습니다. 개발 비용도 모두 정부가 감당하는데, 핵무기 개발과 생산은 더 큰 이윤을 안겨 주는 장사라고 하지요. 그런 막대한 이윤을 보장 받으려면 계속해서 생산해 내야만 합니다. 미국은 그동안 1,000회 이상의 핵 실험을 했고, 핵무기는 미국 무기 회사의 '황금알을 낳는 거위'가 되어 의회 등에 엄청난 로비를 한다고 합니다. 2015년 미국에서는 718명의 군수 산업 로비스트가 6,700만 달러에 이르는 정치 자금을 뿌렸다는 조사 결과가 드러나기도 했습니다.

분단이 오래 계속되면 그 속에서 이익을 보는 사람들이 생겨나기 마련입니다. 그들은 정치적으로 북풍이니 총풍이니 하면서 남북 간에 긴장과 갈등이 더 심해지도록 일부러 만들어 왔습니다. 어떤 고위 공무원은 1992년 9월 평양에서 열린 남북고위급회담에 참석했을 때 대통령의 훈령을 조작해서 1990년부터 3년째 소통해 오고 있던 남북 관계를 단번에 어그러뜨리고 말았습니다. 대통령 선거를 앞두고 보수 정권의 집권을 위해 그런 조 세계 10대 무기 회사 중 일곱 개가 미국 회사입니다.
무기를 생산하는 군산 복합체는 정부에서
엄청난 이윤을 보장 받습니다.

F-35기를 생산하고 있는 미국 텍사스주 포츠워스의 록히드 마틴 공장

무기는 진실로 마약과도 같습니다.
끝없이 소비해야 하고 결국은 생명을 앗아가고 말지요.

록히드 마틴은 사드 발사대와 통신 장비를 양산한다.

작을 했다는 것이 나중에야 알려져 자리에서 물러났지만, 최근까지도 남북 관계를 냉각시키기 위해 해외에서도 애쓰고 있더군요. 그런 종류의 사람들이 언론이며 정치권력 언저리에 자리 잡고 있으면 한반도는 계속 긴장과 갈등 속에 F15니 F35니 하는 대당 1,000억에서 2,000억 원이 넘는 군용 비행기를 수십 대씩 사들이며 전쟁 준비를 하고 있어야 합니다.

미국이 중국을 견제할 목적으로 우리에게 구입을 강요한 '사드'는 1개 포대 배치에 약 2조 원이 들어간다고 합니다. 사드와 F35기 제작사인 미국의 무기회사 록히드 마틴 사장은 연봉이 370억 원에 이른다고 합니다. 그녀가 수시로 한국을 드나들 때마다 무슨 일을 할까요? 무기회사들은 재고를 없애고 첨단 무기를 경쟁적으로 생산하기 위해 지구촌에 끊임없는 무기 소모의 장, 즉 전쟁을 부추기고 있습니다. 분단으로 이익을 얻는 그들이 한반도의 평화를 원하겠습니까? 미국이건 일본이건 다른 나라의 힘을 빌어서, 또는 강력한 무기의 힘을 빌어서 평화를 유지할 수 있다고 믿는 것은 지극히 어리석은 생각입니다. 무기는 진실로 마약과도 같습니다. 끝없이 소비해야 하고 결국은 (지구)생명을 앗아가고 말지요.

한반도의 상황과 세계의 상황이 상당히 복잡하고 풀기 어려울 것 같지요? 그러나 깜깜한 방을 밝히는 것은 한 자루의 촛불입니다. 해가 돋으면 아주 작은 물체라도 환하게 드러나게 마련이지요. 그 빛이 우리 안에 있습니다. 차별과 불합리와 부정의와 폭력적인 세상은, 내가 귀한 존재임을 깨닫고 이웃이 귀한 존재임을 깨닫고 세상 만물이 귀한 존재임을 깨닫는 순간, 그리고 그렇게 깨닫는 사람들이 하나 둘씩 늘어나는 순간 설 자리를 잃고 맙니다. 120년 전의 동학도들은 그것을 알았지만 일본의 무기 앞에 역부족으로 사라지고 말았습니다. 그러나 하늘은 그들의 뜻을 품어 주었고 우리는 그것을 다시 발견하게 되었습니다. 우리의 의식이 깨어있는 한, 실패한 혁명은 없게 됩니다. 우리의 생각이 깨어있는 한 노예처럼 끌려 다니는 삶을 살지는 않게 되지요.

무기는 대단히 위력적인 것 같지만 그것을 통해 이익을 얻는 사람들의 수는 극히 적습니다. 평화를 사랑하는 우리는 맨손이지만 우리들의 수가 많아지면 전쟁을 부추기는 사람들이 설 자리가 없어집니다. 지구에 있는 아름다운 강과 산, 수많은 생명들을 하찮게 보고 폭탄을 던져 대면서, 외계에서 물을 찾고 생명을 찾는다며 과학의 발전을 자랑하는 저들에게 속아 넘어가지 말아야 해요.

평화를 사랑하는 우리는 계란이 아니고, 총을 앞세워 세상을 지배하려는 저들도 바위는 아니랍니다. 빛은 싸우지 않고도 어둠을 이길 수 있습니다. 사랑, 축복, 감사를 먹고 자라는 내 안의 하늘, 내 안의 빛을 소중히 여겨 주세요.

05

세계를 울린 사진 한 장

난민, 이름도 성도 모르는 먼 나라 사람의
운명에 대한 이야기

조효제

현재 성공회대학교 사회과학부 교수로 재직 중입니다. 런던대학교 정치외교학 학사, 옥스퍼드대학교 비교사회학 석사, 런던정경대학교(LSE) 사회정책학 박사이며 하버드대학교 로스쿨 인권 펠로, 베를린자유대학교와 코스타리카대학교의 초빙교수를 역임했습니다. 국제앰네스티 자문위원, 국가인권위원회 설립준비기획단 위원, 법무부 정책위원, 서울시 인권위원을 지냈습니다. 주요 저서로 『조효제 교수의 인권 오디세이』 『인권을 찾아서』 『인권의 풍경』 『인권의 문법』 등이 있고, 『거대한 역설』 『세계인권선언』 『인권의 대전환』 『세계인권사상사』 등을 번역했습니다.

공자, 모세, 달라이 라마, 프로이트, 아인슈타인, 니체, 쇼팽
……. 누구나 알 만한 이들의 공통점은 모두 난민이나 망명과 관
련된 인물이라는 점입니다. 공자는 몸담고 있던 노나라에서 '삼
환의 난'이 일어나자 제나라로 망명을 떠났고, 그 후에도 제자들
과 함께 여러 나라를 떠돌아다니며 살아야 했습니다. 모세는 이
집트에서 종살이하던 유대인들을 이끌고 온갖 어려움을 겪으
며 오랜 난민 생활을 했습니다. 오스트리아 국적의 유대계 정신
분석학자였던 프로이트는 나치를 피해 영국으로 망명을 했고 그
곳에서 생을 마감했습니다. 달라이 라마는 중국에 의해 티베트
에서 쫓겨나 지금까지도 인도에서 망명정부 활동을 하고 있지
요. 아인슈타인 역시 망명의 길을 택해 미국에서 피난처를 찾았
던 천재 물리학자였습니다. 아마 이런 경우를 일일이 다 손꼽을
수는 없을 겁니다. 그러나 이런 이야기를 맨 처음에 꺼낸 까닭은,
난민도 위대한 사람이 될 수 있다는 말을 하려는 것이 아닙니다.
우리가 은연중에 난민에 대해 갖고 있는 고정관념을 우선 깨뜨

려야 한다는 뜻이에요.

난민의 역사는 곧 세계 문명의 역사라고 해도 지나친 말이 아닙니다. 우리 인류 호모사피엔스는 원래 수렵 채취 생활을 하며 살던 종이었습니다. 그러다가 농경 생활을 시작한 뒤부터 한 곳에 정착해 살게 되었지요. 그 뒤부터 인간 종은 어느 곳에서 어떤 문화를 이루며 사는가를 놓고 여러 민족으로 나뉘어 발전했습니다. 수렵 채취 시대의 인간은 떠돌이였지만, 농경 시대의 인간은 어떤 장소에 속한 고정된 존재로 변한 것입니다. 하지만 사람들은 자신의 고향에서만 살 수 없었습니다. 기근이 들거나 다른 민족이 쳐들어와 하는 수 없이 자기 고향을 떠나야 하는 일이 자주 생기곤 했지요. 이렇게 해서 떠돌게 된 사람들을 유민, 유랑민, 피란민이라 불렀습니다. 그런데 이 사람들은 예전의 수렵 채취인들과는 근본적으로 달랐습니다. 수렵 채취인들은 먹을 것을 찾아 늘 떠돌아다녔으므로 고향이라는 개념 자체가 없었고, 따라서 떠돌이 생활이라는 것도 어찌 보면 자연스러운 것이었습니다. 그러나 농경시대 이후의 사람들은 그렇지 않았습니다. 어떤 이유로든 이제껏 살아 온 땅을 강제로 떠나야 한다는 것이 이루 말할 수 없는 고통이었던 것이지요. 인류 문명사에서 난민이 차지하는 심각성을 알기 위해서는 그 고통을 이해하려는 데서 출발해야 합니다.

세 살배기, 아일란 쿠르디

2015년에도 지구촌에서는 수많은 사건이 일어났지만, 아마도 대규모 난민 사태가 가장 큰 비극이 아니었나 생각합니다. 어느 날 터키 해변으로 떠밀려 온 세 살배기 시리아 아이, 아일란 쿠르디의 사진 한 장에 전 세계 사람들의 마음이 먹먹해진 것도 어쩌면 우리 인간의 무의식에 원형질처럼 새겨져 있는 떠돌이 삶의 슬픈 기억 때문인지도 모릅니다.

아일란은 시리아의 코바니라는 곳에서 엄마, 아빠, 형과 함께 단란하게 살았다고 합니다. 그런데 시리아는 아사드라는 독재자가 자기 말을 듣지 않는 시민들을 탄압하고, 심지어 독가스로 수천 명의 사람들을 죽이기까지 하는 나라였습니다. 그러다 보니 정부에 맞서는 무장 반군이 내전을 일으켰고, 외부 세력까지 거기에 가세하여 사람이 제대로 살기 어려운 곳이 되어 버렸지요. 이런 나라에서 도저히 살 수 없다고 생각한 부모님은 두 아이를 데리고 코바니의 고향집을 떠나 난민의 대열에 합류했습니다. 아일란 식구들은 시리아 내에서 다마스쿠스와 알레포를 거쳐 터키의 보드룸이라는 항구도시로 간 뒤, 거기에서 다시 배를 얻어 타고 지중해로 나아갔습니다. 바다 건너 그리스로 가려는 계획이었지요. 유럽연합에 속한 그리스에만 무사히 도착하면 가족들이 목숨을 부지하며 살 수 있을 거라고 판단했던 것입니다. 하지만 배가 코스라는 섬 근처에서 뒤집히면서 아일란은 다섯 살짜리 형인 갈립, 그리고 엄마 레한과 함께 차가운 바닷물에 빠져 목숨을 잃었던 것입니다. 아일란 가족의 슬픈 이야기는 전 세계 사람들의 양심을 단숨에 뒤흔들어 놓았지요.

난민 현상은 인류 역사에서 아주 오래 된 이야기이지만, 난민 문제가 국제 사회의 의제로 등장한 것은 비교적 최근의 일입니다. 그 배경을 한번 따져 볼 필요가 있습니다. 우선 난민은 자기 나라에서 살기 어려워 국가 바깥으로 떠돌게 된 사람을 의미합니다. 따라서 자기 나라, 즉 국가라는 정치 공동체가 먼저 전제되어야 합니다. 역설적이긴 하지만, 사람들이 속한 국가가 있어야 난민도 생길 수 있다는 말이지요. 이 사람은 이 나라 소속의 국민, 저 사람은 저 나라 소속의 국민이라는 식의 국적 구분이 먼저 있어야 한다는 말입니다. 이런 식으로 한 무리의 사람들이 어떤 국가에 속한다는 관념은 근대 민족주의 사상과 깊은 연관을 가집니다. 전근대 시대에는 어떤 인구 집단과 어떤 국가가 반드시 한 덩어리로 연결되어야 한다는 식의 원칙이 없었습니다. 그런데 19세기 이래 민족주의가 대세를 이루고, 국가들이 모여 국제 공동체를 이룬다는 원칙이 널리 퍼지면서 비로소 난민이 본격적인 국제 이슈가 되었던 것입니다.

지구를 구하는 정치 책

어느 날 터키 해변으로 떠밀려 온 세 살배기 시리아 아이, 아일란 쿠르디의 사진 한 장에 전 세계 사람들의 마음이 먹먹해진 것도 어쩌면 우리 인간의 무의식에 원형질처럼 새겨져 있는 떠돌이 삶의 슬픈 기억 때문인지도 모릅니다.

2015년 9월 2일, 터키 보드룸 해안가에서 숨진 채 발견된 아일란 쿠르디 © 연합뉴스

난센 여권과 강제 이재민

　지난 100년 사이, 국제 사회에서는 난민에 관해 두 가지 경향이 나타났습니다. 하나는 난민 문제를 다룰 제도의 탄생입니다. 제1차 세계대전 이후 '국제연맹'이라는 세계적인 연합체가 설립되었습니다. 국제연맹은 1921년 역사상 최초로 '난민최고대표실'이라는 조직을 신설했습니다. 당시 유럽에 대규모의 난민이 생겼기 때문이었지요. 1917년 러시아에서 볼셰비키 혁명이 일어나고, 소련이 만들어지는 과정에서 내전이 벌어져 약 80만에서 150만 명의 난민이 발생했습니다. 그런데 소련을 다스리게 된 지도자 레닌은 국외로 도망 나간 러시아 난민들의 시민권을 박탈해 버렸습니다. 졸지에 무국적자가 된 수많은 사람들이 유럽 각지를 떠돌게 되자 그 문제를 해결하기 위해 새로운 기구를 창설하기로 했던 것입니다. 북극 탐험으로 유명한 노르웨이의 프리드조프 난센이 난민최고대표실의 초대 대표로 취임하여 무국적 난민들에게 국제 여행증명서, 이른바 '난센 여권'을 발급해 주었습니다. 국제기구가 국가를 대신해서 일종의 임시 국제 여권을 만들어 준 것이지요. 약 45만 명이 이 조치의 혜택을 받았다고 합니다. 이 중에는 세계적인 화가, 음악가, 예술가, 문화인들도 많았습니다. 예를 들어 화가인 마르크 샤갈, 소설가 블라디미르 나보코

프, 음악가 세르게이 라흐마니노프, 작곡가 이고르 스트라빈스키 같은 사람들이 모두 난센 여권 덕분에 해외에서 예술 활동을 이어나갈 수 있었지요. 국제연맹이 해체된 뒤에는 국제적십자와 같은 구호 기관에서 난민을 다루었습니다. 그 후 제2차 세계대전이 일어나 유럽에 대규모 난민이 또다시 발생하자 1951년 유엔에서 난민지위협약이라는 국제법을 만들었습니다. 이 협약에 근거를 두고 활동하고 있는 유엔 공식 기구가 바로 오늘날 난민 지원의 대명사처럼 되어 있는 '유엔난민최고대표실(UNHCR)'입니다.

또 하나의 경향은 난민(refugee)의 개념이 크게 변한 점입니다. 흔히 전쟁이나 기근으로 자기 고향을 떠난 사람들을 난민이라고 부르곤 하지만, 국제법인 난민협약에서 규정하고 있는 난민의 개념은 상당히 엄격한 편입니다. 자기 나라를 벗어나 있어야 하고, 박해를 받은 증거가 있으며, 자기 나라로 돌아갔을 때 박해를 받을 것이라는 근거가 충분하고, 인종이나 종교, 국적, 혹은 정치적인 견해 때문에 자기 나라를 벗어났다는 조건을 충족시켜야 합니다. 이렇게 본다면 자기 고향을 떠났지만 국경을 넘지 않은 사람은 난민이 아닙니다. 혹은 정치적 이유가 아니라 단순히 먹고 살기가 어려워 다른 나라로 나간 사람 역시 국제법상 난민이 아닙니다. 그런데 시간이 흐르면서 전 세계의 정치, 경제, 사회적 조건들이 변했습니다. 국제법상으로 원래의 난민 개념은 아니지

국제법상으로 원래의 난민 개념은 아니지만,
어쨌든 여러 가지 이유 때문에 자기 삶의 터전을
강제로 떠날 수밖에 없어진 사람들의 현실이
심각한 문제가 되어 버린 것입니다.

2015년 2월 18일, 시리아 난민들이 국경을 넘어 터키의 수룩 지역으로 넘어오고 있다.
© Orlok / Shutterstock.com

만, 어쨌든 여러 가지 이유 때문에 자기 삶의 터전을 (반)강제로 떠날 수밖에 없어진 사람들의 현실이 심각한 문제가 되어 버린 것입니다. 게다가 자기 나라 안에서 내전이나 기근으로 삶의 뿌리가 뽑혀 떠돌게 된 피난민도 크게 늘어났습니다. 이런 사람들은 비공식적 난민이라 할 수 있겠지요. 그래서 요즘은 법적인 의미에서의 공식적 난민과 비공식적 난민을 뭉뚱그려 '강제 이재민'(Forcibly Displaced Persons)이라고 부르곤 합니다.

유엔에 따르면 2014년 말 전 세계에는 약 5,960만 명의 이재민이 있다고 합니다. 이 가운데 약 3분의 1이 공식적 난민을 포함한 국제 이재민이고, 나머지는 국내 이재민으로 분류됩니다. '망명'이라는 용어도 요즘에는 '비호'(asylum)를 더 많이 쓰고 있습니다. 최근에는 성소수자라는 이유로 자기 나라에서 탄압을 받거나, 자기 뜻과 무관하게 생식기 절제 수술을 받게 된 사람들이 외국 정부에 비호 신청을 하는 경우도 있다고 하지요.

어떤 나라가 난민을 더 많이 품어 안았을까?

그렇다면 어떤 나라들에서 더 많은 난민이 생기고 있을까요? 이 통계는 국제 정세와 밀접하게 연관되어 있어서 순위가 들쑥

세계를 울린 사진 한 장

날쑥 하곤 합니다. 2014년 말, 전 세계에서 난민을 가장 많이 배출하는 열 개 나라를 꼽아 보면 시리아(1), 아프가니스탄(2), 소말리아(3), 수단(4), 남수단(5), 콩고민주공화국(6), 미얀마(7), 중앙아프리카공화국(8), 이라크(9), 에리트리아(10) 순으로 나옵니다. 지난 30년 동안 아프가니스탄에서 난민이 가장 많이 발생했지만, 최근 들어서는 시리아가 그 자리를 차지하고 있습니다. 이 중에서 시리아, 아프가니스탄, 소말리아 출신이 전체 난민의 53퍼센트를 차지하고, 1위에서 5위까지의 국가들이 전체 난민의 62퍼센트를 차지합니다. 이 리스트를 보면 국가들 사이의 전쟁, 내전, 빈곤 등이 만연한 나라에서 난민이 주로 발생한다는 사실을 알 수 있습니다.

이번에는 어떤 나라들이 난민을 많이 받아들이는지 볼까요? 2014년 기준으로 난민을 받아들이는 절대 수치로 보면 그 순위가 다음과 같습니다. 파키스탄(1), 레바논(2), 이란(3), 터키(4), 요르단(5), 에티오피아(6), 케냐(7), 차드(8), 우간다(9), 중국(10) 순이지요. 이 순위를 보면 스스로도 형편이 어려운 나라들이 의외로 난민을 더 많이 받아들이고 있음을 알 수 있습니다. 뿐만 아니라 분쟁 지역 가까이에 있는 나라들이 더 많은 난민을 받는 현실도 나타납니다. 난민들은 일단 이웃나라로 피난을 갈 수밖에 없기 때문에 난민 발생 국가의 옆 나라들이 난민을 보살피는 경우가

지구를 구하는 정치 책

많은 것이지요.

2015년 시리아 난민 사태가 벌어졌을 때, 유럽에서는 나라별로 얼마나 받을 것인지를 놓고 격론이 벌어졌습니다. 하지만 전 세계적으로 보면 선진국이 받아들이는 난민보다 개발도상국에서 같은 개발도상국 출신 난민을 더 많이 받고 있는 실정입니다. 실제로 국제 이재민 가운데 86퍼센트 이상이 개발도상국에 수용되어 있다는 사실을 잊어선 안 됩니다. 또 하나 놓쳐서는 안 되는 점이 있습니다. 난민을 몇 명이나 받느냐 하는 질문도 중요하지만, 그 나라의 형편에 비추어 얼마나 받느냐 하는 점도 아주 중요한 고려 사항입니다. 예를 들어, 자기 나라의 인구와 비교하여 난민을 받는 비율로 순위를 매길 수도 있습니다. 이렇게 계산하면, 자국 인구 1,000명당 232명의 난민을 받는 레바논이 단연 1위입니다. 요르단, 나우루, 차드가 그 뒤를 잇습니다. 그런가 하면 경제 발전 수준과 비교해서 난민을 받는 비율을 따질 수도 있습니다. 이렇게 보면, 1인당 국민소득(구매력 기준) 1달러당 404명의 난민을 받는 에티오피아가 세계 최고 수준입니다. 파키스탄, 차드, 우간다, 케냐가 그 뒤를 잇고 있지요.

국민소득 순으로 봤을 때 서구 선진국들이 받는 난민의 수는 아주 적다고 볼 수 있습니다. 그런 점에서는 우리나라도 별반 다르지 않습니다. 난민을 많이 받아들이는 나라들 가운데 이른바 선진국은 독일밖에 없는 것도 눈에 띄는 현실입니다. 선진국들의 이기적인 행태는 어제오늘의 일이 아니지요. 나치에 의해 추방된 유대인 난민 문제를 풀기 위해 1938년 프랑스 에비앙에서 국제회의가 개최된 적이 있습니다. 그때 미국을 비롯하여 32개 나라가 참여했지만, 자국에 할당된 수보다 더 많은 난민을 받겠다고 밝힌 나라는 개발도상국인 도미니카공화국밖에 없었다고 합니다.

놀라운 역사적 사실이 하나 더 있습니다. 현재 시리아는 난민을 가장 많이 발생시키는 문제 국가로 낙인찍혀 있지만, 전통적으로 시리아는 난민을 아주 많이 받았던 나라 가운데 하나입니다. 1950년 한국전쟁이 터지고 수많은 전쟁고아가 생겨났습니다. 그 당시에는 고아들을 국내에서 돌보기 어려워 해외로 입양 보냄으로써 문제를 해결하려고 했습니다. 그런 까닭에 6·25 전쟁 중 적지 않은 아이들이 해외로 보내졌는데, 그 와중이던 1953년 초에 한국의 두 소녀가 시리아로 입양되어 갔다는 기록이 있습니다. 약 반세기 전만 해도 시리아는 한국의 아이들까지 입양아로 받아들이던 나라였던 것입니다. 그런데 참으로 역설적이게도 오늘날 시리아는 가장 많은 난민을 외국으로 내보내는 나라로 전락해 버린 것입니다. 그때 시리아로 간 두 아이는 그 뒤 어떻게 되었을까요? 만약 살아 있다면 아마 일흔 살 정도의 나이가 되

국민소득 순으로 봤을 때 서구 선진국들이 받는
난민의 수는 아주 적다고 볼 수 있습니다.
그런 점에서는 우리나라도 별반 다르지 않습니다.

2015년 9월 4일, 헝가리 부다페스트의 켈레티 기차역. 난민들이 독일로 가기 위해 끊임없이 헝가리로 모여들고 있다.
© Istvan Csak / Shutterstock.com

었을 것입니다. 이처럼 세상은 돌고 도는 것입니다. 어떤 나라도 난민 발생 국가가 될 수 있고, 모든 사람이 난민이 될 가능성이 있다는 말입니다.

사람을 난민으로 만드는 이유들

그럼에도 불구하고 우리는 난민 문제를 어떻게 해결해야 할지 생각하지 않을 수 없습니다. 여기에는 근본적인 해결책과 직접적인 해결책 두 가지가 있습니다.

난민 문제를 근본적으로 해결하려면 왜 난민이 발생하는지 뿌리가 되는 원인을 먼저 따져야 합니다. 물론, 국가들 사이의 전쟁과 내전이 난민을 발생시키는 가장 큰 원인입니다. 한 나라에 정치, 사회, 경제적인 모순이 누적되거나 다른 나라가 내정에 개입할 경우에도 난민이 발생할 여지가 커집니다. 어떤 통계에 따르면, 군사비 지출이 높고 무기 거래가 활발할수록 난민이 늘어날 개연성이 커진다고 합니다. 분쟁 지역에서 대인 지뢰 매설이 늘어날수록 농경지가 줄면서 농사를 짓지 못하게 된 사람들이 강제 이재민으로 전락하게 됩니다. 아프가니스탄과 캄보디아의 지뢰를 모두 제거하면 그곳의 농업 생산량이 당장 두 배로 증가

할 것이라는 예측치도 있을 정도입니다.

어떤 나라건 살림살이가 어려워지면 난민이 발생하기 쉬운 조건이 만들어집니다. 또한 토지 개혁이 안 되어 소농들의 삶이 팍팍한 나라, 미국의 몬산토 같은 국제 농산물 대기업들이 토지를 한꺼번에 사들이는 나라, 정치 문제로 국제 사회의 제재를 받아 식량과 의약품의 금수 조치를 당한 나라에서도 난민이 늘어납니다. 인권 침해가 심한 곳에서 특히 난민이 증가하며, 정권이 바뀐 뒤 이전 정권 지지자들을 박해하는 나라에서도 난민은 많이 발생하곤 합니다. 민족, 종교, 정치적인 이유로 소수 집단을 박해하는 국가도 난민 발생 고위험 군에 속하는 나라인 것이지요. 그런가 하면 5개 이상의 민족이 한 나라를 구성한 경우가 전 세계 국가들 중 40퍼센트나 된다고 합니다. 이처럼 다민족으로 이루어진 국가에서 민족들끼리의 갈등이 발생하면 소수에 속한 민족이 난민이 될 가능성이 높아지게 되지요. 뿐만 아니라 21세기의 화두가 된 기후변화도 국제 이재민을 양산하는 중요한 요인으로 떠올랐습니다. 몰디브와 같은 태평양의 작은 섬나라 주민들은 기후변화로 바닷물 수위가 높아지면서 다른 나라로 집단 이주를 해야 할 절박한 처지가 되고 있습니다.

그렇다면 한 발 더 나아가서 난민 문제를 직접적으로 해결하려면 어떻게 해야 할까요? 그러기 위해서는 난민들이 어디로든

세계를 울린 사진 한 장

가서 정착할 수 있도록 이동의 자유와 안전을 확보해 주는 것이 가장 시급합니다. 앞에서 말한 난센 여권 같은 것이 대표적인 조치입니다. 그리고 종합적인 행동 계획이 곧장 마련되어야 합니다. 난민 문제는 어떤 국제기구만의 힘으로, 혹은 어느 한 나라만의 노력으로 해결될 수 없습니다. 국제기구, 국제사회, 엔지오 등 여러 관련 기관들이 함께 지혜를 짜내야만 풀릴 수 있는 문제이기 때문이지요.

1970년대 중반 베트남 전쟁이 끝나자, 남베트남 지역에서 수십만 명의 난민들이 크고 작은 배를 타고 무작정 바다 한가운데로 나왔습니다. 이들을 '보트피플'이라고 불렀지요. 보트피플 문제가 발생하자 유엔을 비롯한 국제기구들, 그리고 세계 각국이 베트남 난민의 안전한 통행과 재정착을 돕기 위해 조치를 취하기로 하고 서둘러 실천에 옮겼습니다. 한국에서도 베트남 보트피플을 받았습니다. 적십자사에서 마련한 난민 캠프가 부산에 설치되었고, 수천 명의 난민들이 그곳을 거쳐 미국 등 다른 나라에 정착할 수 있었지요. 물론, 누군가 가엾은 난민이 되어 낯선 땅을 떠돌기 전에 그 지역의 사회적, 경제적 발전을 위해 지원하는 것이 난민 문제를 예방할 수 있는 가장 좋은 방법입니다. 자기 나라에서 평화롭게 먹고살 수 있다면 굳이 목숨을 걸고 난민의 길을 떠나지 않아도 될 것이기 때문입니다.

난민이 된 어머니와 국적이 없는 아이

국제사회의 공평한 부담도 빼놓을 수 없이 중요한 해결책 가운데 하나입니다. 난민 사태가 일어났을 때 그들을 적극적으로 받아들이고 그들에게 인도적 지원을 하는 나라들도 적지 않습니다. 하지만 대다수의 국가는 말로만 돕겠다고 하면서 실제로는 뜨뜻미지근한 태도를 보이거나, 시간을 끌면서 다른 나라들의 눈치만 살폈습니다. 모든 나라가 이런 태도를 보인다면 당연히 난민 문제가 해결될 수 없기 때문에 국제적으로 서로 간에 공평한 부담을 져야 한다는 것이지요. 특히 자기들도 너무 가난해서 하루하루가 힘든 나라들이 어쩔 수 없이 외국 난민을 많이 받아야 하는 상황은 정말이지 불공평하고 딱한 일입니다. 그에 비해 우리나라는 이미 잘사는 나라로 세계에서도 인정받고 있습니다. 그렇다면 난민을 받아들이는 문제에 있어서도 어떤 입장을 취하고, 어떤 행동에 나서는 것이 국제사회에서의 공평한 처신이라고 할 수 있을지 되새겨 봐야 할 것입니다.

국제법 기준을 오늘날의 현실에 맞게 수정하는 것도 시급한 일입니다. 앞에서도 말했듯이, 21세기 현실에 비춰 봤을 때 국제법상의 난민 기준은 그 범위가 아주 좁게 설정되어 있습니다. 따라서 국내 이재민과 경제적, 환경적 이유에 의한 탈향민들을 난

세계를 울린 사진 한 장

대다수의 국가는 말로만 돕겠다고 하면서
실제로는 뜨뜻미지근한 태도를 보이거나, 시간을 끌면서
다른 나라들의 눈치만 살폈습니다.

2013년 4월 30일, 수천 명의 소말리아 난민들이 머물고 있는 모가디쉬의 텐트촌
© Sadik Gulec / Shutterstock.com

민의 범주에 포함시켜 좀 더 폭넓게 접근하는 것이 필요합니다. 마지막으로, 난민 중에는 아예 국적이 없는 사람들도 있습니다. 이들은 보통 난민보다도 더 취약하고 힘없는 사람들입니다. 예를 들어, 난민 어머니로부터 태어난 아이는 본국의 국적도 없고, 그렇다고 새로운 나라의 국적도 없는 무국적자가 될 가능성이 높습니다. 국적이 없는 사람은 세계 어느 곳에서든 정식 인간 취급을 받지 못하는 경우가 많습니다. 법적으로 인간 취급을 받지 못하면 최소한의 권리 주장을 하기조차 어려워지지요. 이런 이유로 요즘 들어서는 난민 중에서도 무국적자 난민의 문제를 특히 중요한 이슈로 생각하기 시작했습니다.

난민을 발생시키는 근본 원인, 특히 전쟁과 같은 사태는 사람을 자기 땅에서 몰아내는 힘으로 작용합니다. 떠나기 싫어도 떠날 수밖에 없는 것이지요. 그러나 어떤 사람이 고향을 떠나는 것이 꼭 이런 이유만은 아닙니다. 자기 나라에서의 삶이 고달픈 나머지 다른 나라의 장점에 이끌려 떠나는 경우도 얼마든지 있습니다. 다시 말해서 강제로 쫓겨나거나 스스로 떠나는 것 사이의 중간 지대가 있을 수 있다는 말입니다. 자기 나라에서 하루하루 힘들게 사는 사람일수록 먹고사는 일이나 안전, 일할 기회, 자녀들에게 더 나은 교육의 기회를 제공해 줄 수 있는 나라에 마음이 끌리기 마련입니다. 지나친 경쟁과 견디기 힘든 노동 조건 때

세계를 울린 사진 한 장

문에 몸과 마음이 지친 사람이라면 누구나 좀 더 여유로운 일터와 복지 혜택이 보장되는 나라에 살고 싶어질 테니까요.

이런 점들을 사회학적인 상상력으로 이해하려고 노력해 보면, 우리나라에 오는 난민이나 이주 노동자들을 보는 시각도 조금은 달라질지 모릅니다. 만일 우리가 사는 이곳이 살기 힘든 사회라고 한다면 외국인 노동자들에게 제발 와 달라고 빌어도 아무도 오지 않을 것입니다. 그들이 기어코 우리나라에 오려고 한다는 사실은, 그래도 한국이란 나라가 살만한 곳이기 때문입니다. 게다가 우리는 국제 무역으로 먹고 사는 나라입니다. 우리가 만들어 수출한 제품을 전 세계 사람들이 사 주기 때문에 지탱할 수 있는 것이지요. 따라서 우리가 세계 시장의 소비자들 덕분에 살아간다는 점을 기억한다면, 우리나라에 와서 일할 기회를 얻으려고 하는 외국인 노동자들을 무조건 나쁘게만 볼 수 없다는 말입니다.

구출돼도 자존심 상하고, 도움을 받아도 굴욕감을 느낀다

난민들이 겪어 온 인권 침해 사례는 셀 수 없이 많고 다양하지만, 가장 궁극적인 문제는 자신을 보호해 주는 나라, 즉 자신의 권리를 지켜 줄 수 있는 의무의 주체가 사라진다는 점입니다. 다시 말해, 인권 보호의 주체가 자기 나라에서 남의 나라로 바뀐다는 점이 난민 인권 문제의 핵심인 것이지요. 자신과 주권재민의 사회 계약 관계가 없는 타국 정부의 온정과 호의에 자신의 삶을 통째로 맡겨야 하는 상황이 과연 어떤 것인지, 한번 입장을 바꿔서 상상해 보는 건 어떨까요?

그에 더해서 난민이 되면 사회적 동물인 인간에게서 그 사회적 맥락이 사라져 버린다는 점도 결코 잊어서는 안 됩니다. 한 사회에서 다양한 관계를 맺고 살아가던 어엿한 인간이 어느 날 갑자기 목숨을 구걸해야 하는 비굴하고 비참한 존재로 전락하기 쉽다는 말이지요. 나치 때문에 난민이 되어 떠돌아야 했던 독일계 유대인 철학자 한나 아렌트는, "구출돼도 자존심 상하고, 도움을 받아도 굴욕감을 느낀다."며 자신이 쓴 책에 냉소적인 기록을 남기기도 했습니다. 그러니 우리는, 내전이 일어나기 전까지만 해도 시리아가 세계에서 난민을 가장 많이 받아들이던 나라 중 하나였음을 한 번 생각해 볼 필요가 있습니다. 오늘날의 시리아 난민들 중에는 과거에 다른 나라에서 온 난민을 돕던 사람이 분명히 있을 것입니다. 이런 생각을 하다 보면, 우리는 인류의 한 구성원으로서 좀 더 겸허해진 마음으로 인간애를 발휘해야 한다는 결론에 이를 수 있겠지요.

세계를 울린 사진 한 장

난민이 되었든 외국인 노동자가 되었든, 모든 인간은 인간으로서의 합당한 대우를 받아야 합니다. 난민 협약에 따르면, 난민은 박해 받을 가능성이 있는 자기 나라로 강제 송환되지 않을 권리를 가집니다. 이는 지극히 중요한 권리입니다. 또한 피난처에서 기본적 의식주를 제공 받을 권리, 최소한의 교육을 받을 수 있는 권리가 있습니다. 뿐만 아니라 비합법적으로 입국하여 비호를 신청했다 하더라도 그 사실만으로는 처벌 받지 않을 권리도 있습니다. 여기에 더해 난민은 다른 모든 인간과 마찬가지로 보편적 인권을 누릴 자격이 있습니다. 한 마디로 말해서 난민을 시혜의 대상으로 보는 것이 아니라, 권리를 가진 당당한 인간으로 인정하는 시각이 필요하다는 것이지요.

우리 모두가 난민의 후예

기원전 1세기경 어느 캄캄한 밤, 한 갓난아이가 권력자의 칼날을 피해 부모와 함께 팔레스타인에서 이집트로 가는 망명길에 올랐습니다. 아이가 태어난 땅의 권력자가 최근에 태어난 아이들을 모두 죽이라는 명령을 내렸기 때문이었지요. 다행히 이집트 정부는 아이의 가족에게 난민 자격을 부여하고 몇 년 동

모든 인간은 인간으로서의
합당한 대우를 받아야 합니다.
난민 협약에 따르면,
난민은 박해 받을 가능성이 있는 자기 나라로
강제 송환되지 않을 권리를 가집니다.

2015년 10월 25일, 시리아 코바니 지역에서 넘어와 터키 수룩의 난민 캠프에 머물고 있는 시리아 난민 가족들

안 살도록 배려해 주었습니다. 나중에 이 아이는 다시 팔레스타인으로 돌아와 자랐는데, 다음과 같은 말을 남기기도 했습니다. "여우들에게도 굴이 있고 창공을 나는 새들도 둥지가 있건만 사람의 아들에게는 머리를 둘 데조차 없도다." 이 아이는 과연 누구였을까요?

바로 예수 그리스도입니다. 아마 세상에서 가장 유명한 난민이라고 할 수도 있겠지요. 이 난민 출신 스승에게 신앙 고백을 하는 크리스천이 오늘날 전 세계에 25억 명이나 됩니다. 종교를 믿든 그렇지 않든 상관없이, 예수 그리스도의 이야기는 우리에게 여러 가지 생각거리를 주고 있습니다. 왜 우리가 이름도 성도 모르는 먼 나라 사람의 운명에 관심을 가져야 하는지 가르쳐 주고 있는 것이지요.

이 글을 쓰고 있는 저도 어릴 때 집안 어른들로부터 6·25 전쟁 당시 어떻게 피난을 다녔는지 듣고 자랐습니다. 그러고 보면 저 또한 전형적인 국내 이재민의 자손인 셈이지요. 온 국민의 눈시울을 젖게 하는 남북한 이산가족 상봉 문제도 난민 문제의 연장선에 있는 비극적인 이야기입니다. 그렇습니다! 우리 모두가 난민의 후예이므로, 우리는 그런 사실을 애써 기억하면서 난민을 포함한 모든 사람의 인권을 다시금 되새겨야 할 것입니다. 공정하고 평화로운 국제 질서, 지속가능하고 평등한 발전, 그리고 민주주의와 좋은 정치 등이 인권을 보장할 수 있는 조건이 될 수 있습니다. 난민이라는 창을 통해 21세기 인권에 대해 깊이 탐구하고, 작은 실천이라도 할 수 있는 세계 시민이 되길 기대합니다.